監修者――五味文彦／佐藤信／高埜利彦／宮地正人／吉田伸之

［カバー表写真］
浪合関所
（「浪合村絵図」千葉一悳家文書）

［カバー裏写真］
千葉一悳家
（長野県阿智村浪合）

［扉写真］
「浪合氏代々之覚」
（千葉一悳家文書）

日本史リブレット 84

兵と農の分離

Yoshida Yuriko

吉田ゆり子

目次

信濃の武将、波合備前とは誰か

一五七五(天正《てんしょう》三)年、武田勝頼《たけだかつより》▲は三河国《みかわのくに》(現、愛知県)長篠《ながしの》城を攻め、徳川家《とくがわいえ》康《やす》・織田信長《おだのぶなが》の連合軍に設楽原《しだらがはら》で敗れた(長篠の戦い▲)。これは、武田軍の騎馬戦法に対して、家康・信長軍の鉄砲隊が勝利した戦いとしてよく知られている。この合戦《かっせん》とその前日に、鳶巣《とびのす》の砦《とりで》で討死した武田方四四人の名前が、武田家の菩提寺《ぼだいじ》である山梨県塩山《えんざん》の乾徳山恵林寺《けんとくざんえりんじ》に残されている。合戦当日の戦死者として書き上げられた三七人には、山縣三郎兵衛《やまがたさぶろうべえ》正景《まさかげ》や馬場美濃守信房《ばばみののかみのぶふさ》など歴々の武将《ぶしょう》とならんで「勘助《かんすけ》子　山本」という名がみえる。これは、二〇〇七(平成十九)年にNHK大河ドラマで放送された『風林火山』の主人公山本勘助▲の子ともいわれる。また、前日の鳶巣の砦で討死したという人物十人のなかに、信玄《しんげん》

▼**武田勝頼**　一五四六〜八二年。武田信玄の子。一五七三(天正元)年信玄の死後家督《かとく》を継ぐ。一五七五(天正三)年長篠の戦いで織田信長・徳川家康軍に大敗した。一五八二(天正十)年、天目山《てんもくざん》の戦いで自害し、武田家は滅んだ。

▼**長篠の戦い**　一五七五(天正三)年五月二十一日三河国設楽原で、織田信長と徳川家康の連合軍が武田勝頼の軍勢を破った戦い。武田軍の騎馬戦法に対し、織田・徳川軍の鉄砲隊が勝利したといわれる戦い。

▼**山本勘助**　武田信玄の軍師といわれ、一五六一(永禄《えいろく》四)年川中《かわなか》島《じま》の戦いで戦死したといわれる。実在した人物か議論が分かれる。

の弟武田兵庫助《ひょうごのすけ》信実《のぶざね》や武田方の武将とならんで「波合備前《なみあいびぜん》」という名が記されている。この人物については、おそらく知る人は少ないだろう。

「波合」とは、長野県下伊那《しもいな》郡阿智《あち》村浪合《なみあい》という地名である(「波」は「浪」とも書かれる。以下、地名は「浪合」、人名は「波合」と使い分ける)。現在、長野県飯田《いいだ》市の南方に位置し、標高一〇〇〇メートル級の山間部にある、人口五〇〇人程の集落である(二一〇ページ地図参照)。江戸時代には、飯田と岡崎《おかざき》を結ぶ伊那街道の宿《しゅく》駅《えき》として知られ、交通の要衝であった。したがって、波合備前とは在所名をとって苗字を名乗り、武田方として長篠の戦いに参陣していた武将であることがわかる。しかし、なぜ歴々の武将とともに名を残すような武士が浪合から輩出されることになったのか。波合家とは、いったいどのような家なのか。このような武士が生み出されるのは、珍しいことなのか。そして、この家はその後どのような歩みをたどることになるのか。

本書は、戦国時代から江戸時代にいたる時期に進行した、「兵農分離《へいのうぶんり》」と呼ばれる社会の変化を解き明かすことが目的である。兵農分離は、「武士が在地を離れて城下町《じょうかまち》に集住すること」あるいは「武士身分と百姓身分が分けられること」と説明される。しかし、どのような人びとが武士になったのか、それを生み出していた母体はなにか。他方、武士と百姓とはどこで分けられたのか。武士ではなく百姓となることを選んだのはなぜか。これまでの説明では、結果として実現された兵農分離の体制を述べていても、その歴史的過程を解明しているとはいえない。江戸時代の武士と百姓はどのようにして生み出されたのか、このきわめて素朴な疑問に答えるために、まずは波合備前という人物とその家の歴史を解き明かすことから始めていこう。

①――天正から空白の五〇年

波合備前の足跡をたどる

波合備前《なみあいびぜん》の墓碑は、阿智《あち》村浪合《なみあい》の堯翁院《ぎょうおういん》という寺院の脇にある。墓石には、「堯翁院殿《でん》前備州《さきのびっしゅう》英武《えいぶ》宗心居士《しゅうしんこじ》　天正《てんしょう》三（一五七五）年五月十五日没」ときざまれており、長篠《ながしの》の戦いの前日、五月二十日の鳶巣《とびのす》の砦《とりで》で討死したという、さきの日付とは一致しない。しかし、この墓石は江戸時代にはいってから恵林寺《えりんじ》の史料にみられる波合備前の墓としてつくられたものであることは疑いない。

この墓碑を守るのは、浪合にお住まいの旧家千葉一憙《かずのり》夫妻である。千葉家は、代々浪合村の庄屋《しょうや》をつとめ、杢左衛門《もくざえもん》か左源太《さげんた》を襲名している。もとは「原《はら》」姓であったが、幕末の十一代繁彦胤凭《しげひこたねより》の代に「千葉」姓に改めて現在にいたっている。堯翁院という寺院も、波合備前の供養《くよう》のために建てられた寺と言い伝えられており、千葉家の菩提寺《ぼだいじ》ともなっている。

そこで、千葉家の先祖を検証していくために、千葉一憙夫妻にお話をうかがった。千葉家では波合備前を先祖としてまつっているものの、詳しい系譜関係

▼感状　武将が戦功のあった武士にあたえた賞状。形式は、武将みずからが書く直状《じきじょう》・判物、側近がかわって書く奉書など多様である。

はわからないという。ただ、波合備前に宛てられた武田信玄《たけだしんげん》の感状《かんじょう》▲といわれるものが何通かあるとのことで、拝見することになった。千葉家に残されている信玄の感状や武田氏関連文書は、次ページ表1のように、天文《てんぶん》十五(一五四六)年から天正二(一五七四)年にいたる時期の八通である。

このうち(2)弘治《こうじ》三(一五五七)年の武田晴信《はるのぶ》から下条兵部少輔《しもじょうひょうぶのしょうゆう》宛の感状と、(5)永禄《えいろく》三(一五六〇)年の武田信玄から波合備前守宛の感状は、他家で所蔵されていたものを江戸時代に写したとの注記がついており、千葉家に所蔵されていたものではないことがはっきりしている。逆に、(3)永禄元(一五五八)年十二月の信玄から波合備前守宛の感状、(4)永禄二(一五五九)年八月十一日の信玄から原勘左衛門《かんざえもん》に宛てた感状、(6)永禄四(一五六一)年九月十三日付の信玄から波合備前宛の感状、(8)天正二年正月十一日の勝頼《かつより》配下の山縣《やまがた》と原の二人から波合備前にだされた計四点の文書は、明和《めいわ》九(一七七二)年正月二十九日に千葉家から原要左衛門《ようざえもん》に貸しだしたことを示す文書が残っており、十八世紀後期には、千葉家に実在していたことが確認できる。しかし、現在千葉家に伝えられている(3)(4)(6)も、花押《かおう》が書かれているこの四点の文書はいずれも写しで、信玄の花押

●──表１　武田氏関係文書(千葉家文書)

年　月　日	差出人	宛　所	内　容
(1)天文15(1546)年10月26日	晴信	波合備前守	去笛吹峠合戦での高名に対する知行加増，家来原安清・原新七・小刀四郎左衛門へ丁銀50枚宛下付
(2)弘治３(1557)年正月２日	晴信	下条兵部少輔	旧冬三州武節谷へ士卒派遣戦功の感状
(3)永禄元(1558)年12月	信玄	波合備前守	上州表にて度々の高名に対する知行加増200貫，白銀500枚下付
(4) 同　2(1559)年8月11日	信玄	原勘左衛門	北方高名に対する加増300貫，原三左衛門掛合へ白銀200枚下付
(5) 同　3(1560)年9月15日	信玄	波合備前守	上州表の働きと小縣合戦高名に対する家来原民部左衛門・塩沢勘右衛門掛合白銀200枚，加増300貫
(6) 同　4(1561)年9月13日	信玄	波合備前	川中島で高名，家来原安清・原惣左衛門・原宗清・原新七・小刀四郎左衛門，知行加増800貫，家来５人へ白銀250枚
(7)元亀元(1570)年10月23日	勝頼	波合原備前守	美濃口よりの信長勢を小勢で押し留めたこと，小笠原掃部太夫・下条伊豆守・保科弾正左衛門立逢実見，早首156・数首300余注文，前代未聞の働きに対する私領加増300貫
(8)天正２(1574)年正月11日	信州取次　山縣三郎兵衛・原美濃守虎左	波合備前	国元から甲府往来・領分の人馬勤め，および順見役申し付け

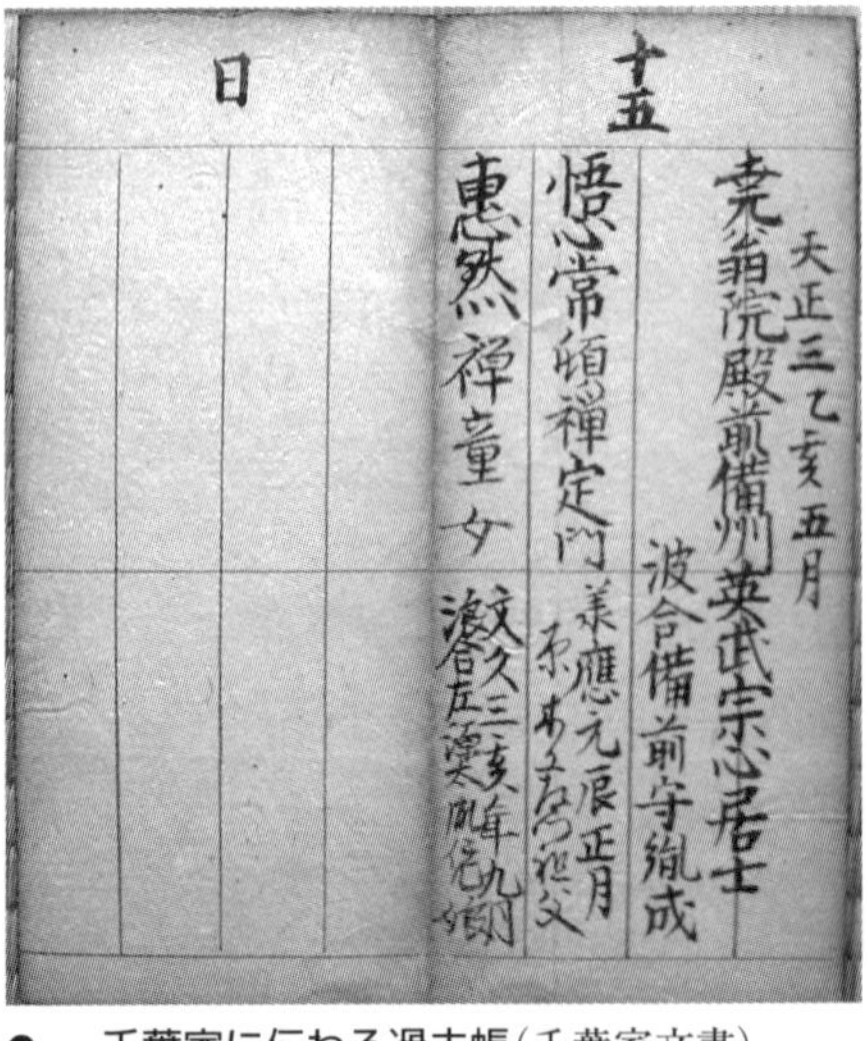

●──千葉家に伝わる過去帳(千葉家文書)

●──原備前の墓(阿智村浪合)

の形が若干信玄のものと異なっている。原要左衛門とはどのような人物なのか、またなんのために借りだしたかは明らかではない。しかし、原要左衛門は「望に付き写し取り持参仕り候」(千葉一憙家文書。以下、千葉家文書と記す)と、写しをとって原本を千葉家に返したと記されている。こののち、なんらかの経緯で原本は失われ、写しだけが現在まで伝わっているということになる。また、一八八九(明治二十二)年にも、士族《しぞく》身分を獲得するためと考えられるが、(3)(4)(6)(7)の四点と、過去帳や系図などが、浪合役場に提出されている。しかし、四点が原本であったか否かは明らかではない。

つぎに、千葉家に伝えられる過去帳を拝見した。すると、堯翁院殿前備州英武宗心居士の没年がもっとも古く、波合備前が千葉家の祖としてまつられていること、また、波合備前の俗名は、波合備前守胤成《たねしげ》と記されていることがわかる。

他方、代々の当主をみると、一六九七(元禄《げんろく》十)年七月十八日に没した原杢左衛門を起点として過去帳の記載もさかのぼり、七〇(寛文《かんぶん》十)年七月一日没の「原杢左衛門父」、五二(承応《じょうおう》元)年一月十五日没の「原杢左衛門祖父」と二代前の系譜を確認できる。しかし、「波合備前守胤成」と「原杢左衛門祖父」とのあいだに該当する当主をみいだすことができず、両者のあいだは断絶している。原杢左衛門と波合備前とはどのような関係であろうか。

千葉家には、土蔵《どぞう》のなかに多くの貴重な古文書《こもんじょ》が残されている。そのなかに、一六八一(天和《てんな》元)年に記された当時一五歳の波合求馬《きゅうま》という者の「親類書《しんるいがき》」の下書きがある。この波合求馬とは、過去帳で起点となっている原杢左衛門の末の弟で、のちに波合左源太信胤《のぶたね》となる人物であるが(四六ページ系図6参照)、このとき「牢人《ろうにん》」身分▲で在村していた。過去帳には「信胤の養父桜《さくら》井《い》氏」という注記のある戒名《かいみょう》が記載されていることから、波合求馬は桜井家の養子となっていたとみられる。実際、天和二(一六八二)年四月十五日付で「養父桜井庄《しょう》右衛《え》門《もん》」をはじめとする波合求馬の養家の親類書も残されている。しかし求馬が桜井家から原家に戻った理由や経緯は明らかではない。

求馬の養家の親類書によると、桜井庄右衛門は、武田信玄・勝頼に仕えたのち、本貫地《ほんがんち》である甲斐《かい》国山梨郡桜井郷(現、山梨県甲府市)で家康《いえやす》に取り立てられて旗本《はたもと》となった桜井安芸守信忠《あきのかみのぶただ》の孫であるという。当時五十七、八歳で、「牢

▼「牢人」身分　「牢人」とは徳川幕府が開かれてから一度でも「主《あるじ》取り(主人に仕え)」した経験のある者をいい、武士身分ではあるものの、「主」から離れた状態にある者を意味した。逆に、開幕以前に「主取り」していてもその後「主取り」の経験がない者は、「地侍《じざむらい》」「郷侍《ごうざむらい》」と呼び区別している(『京都御役所向大概覚帳』)。

人」して娘が奥勤めをする旗本石川信濃守《しなののかみ》成久《しげひさ》の扶助を受けていた。養父兄は幕府の直臣《じきしん》で七〇〇石《こく》取り、養父弟は信濃国筑摩《ちくま》郡の大名《だいみょう》水野《みずの》周防守《すおうのかみ》忠増《ただます》の給人《きゅうにん》、養母弟は三河《みかわ》国八名《やな》郡を知行《ちぎょう》する旗本の給人、その他従弟や養父の婿など親類筋は武家《ぶけ》である。旗本であるという養父兄は、『寛政重修諸家譜《かんせいちょうしゅうしょかふ》』▲によると、桜井信義《のぶよし》といい、弓鎗奉行《ゆみやりぶぎょう》をつとめる知行三〇〇石の旗本とある。親類書の知行高には誇張がありそうだが、その母は武田家臣《かしん》の原与左衛門《よざえもん》某の娘、すなわち原一族とみられることから、この縁で波合求馬も桜井家に養子にだされたものとみられる。

さて、波合求馬の親類書に記された範囲で、浪合の原家の系図をあらわしたものが系図1である。これによると、原杢左衛門と波合備前は、あいだに与一《よいち》右衛門《えもん》を介してつながっている。まず求馬の父は原杢左衛門と名乗り、浪合関《せき》所《しょ》を幕府からあずかり、下伊那《しもいな》の阿嶋《あじま》に陣屋《じんや》を構える交代寄合《よりあい》▲の知久伊左衛門《ちくいざえもん》則直《のりなお》から合力《ごうりき》を受けて、浪合関所の番をつとめたという。知久伊左衛門が浪合関所の警衛を徳川《とくがわ》家康から命じられたのは、大坂の役▲の一六一四(慶長《けいちょう》十九)年十一月である。その後、浪合関所は代官宮崎藤右衛門、旗本村上源助が支配し

▼**『寛政重修諸家譜』**　江戸幕府が編修した徳川家直臣の家譜・系譜集。一八一二(文化《ぶんか》九)年に完成。徳川氏一門を除く御目見《おめみえ》以上の大名・旗本について掲載している。

▼**交代寄合**　旗本でありながら老中《ろうじゅう》支配で、知行所の陣屋に居住して参勤交代《さんきんこうたい》を義務づけられ、江戸城中の詰所も帝鑑之間《ていかんのま》・柳之《やなぎの》間《ま》で、大名並《なみ》の処遇を受けた。信濃(伊奈《いな》)衆三家《さんけ》とは、知久・小笠原・座光寺《ざこうじ》氏であった。

▼**大坂の役**　徳川氏が豊臣《とよとみ》氏を滅ぼした戦い。一六一四(慶長十九)年冬の陣と、一六一五(元和元)年夏の陣の二度にわたる。

●—浪合関所（千葉家文書）

●—系図1　波合求馬親類書下書

波合備前——原与一右衛門
- 原杢左衛門　知久伊左衛門より合力　浪合住
  - 原杢左衛門　父跡相続
  - 波合与一右衛門　戸田伊勢守にて知行一五〇石取
  - 女　落合源蔵妻　酒井権兵衛にて少知取
  - 波合求馬（一五歳）　牢人
- 原八右衛門　小松原にて百姓
- 原茂左衛門　松平左近に出仕　十八、九年以前牢人
- 女　桑良又市妻　脇坂中務少輔にて知行一〇〇石取　十二年以前浪人

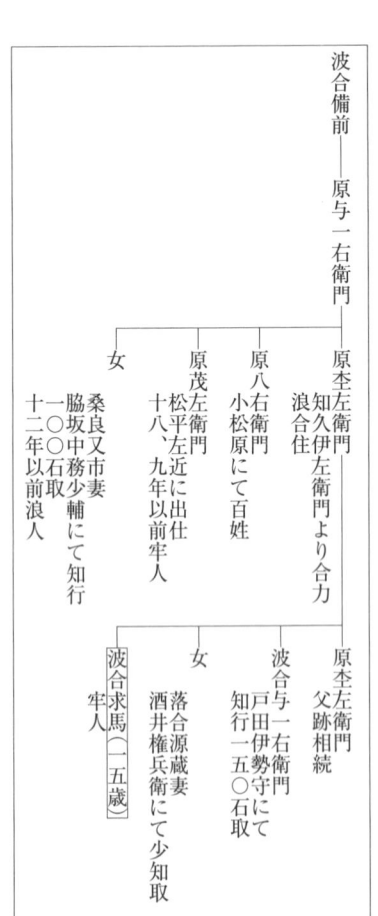

●小笠原書院

▼小笠原長臣　信濃国伊那郡の本領松尾《まつお》城を居城とした小笠原信嶺の弟で、一六〇〇（慶長五）年松尾荘のうち伊豆木一〇〇〇石を家康より安堵《あんど》された。交代寄合として、伊豆木に陣屋を構えた。

たのち、一六二〇（元和《げんな》六）年九月から知久氏があずかることになった。原家は、現地で関所役人をつとめたとみられる。求馬の父原杢左衛門は、一六八一年から一二年前に病死したとあり、これを千葉家の過去帳で確認すると、七〇年七月一日になくなった「杢左衛門父」という人物に比定することができる。

つぎに、求馬の祖父の与一右衛門は、親類書の記述をみると、曾祖父波合備前の子で、備前死去とともに所領《しょりょう》を失い、若年で牢人したという。その後、下伊那の伊豆木《いずき》に陣屋をもつ交代寄合の小笠原長臣《おがさわらながおん》▲の扶助を受けて大坂の役にも参戦した。帰陣後松平《まつだいら》古《こ》越中《えっちゅう》に「浪人分《ろうにんぶん》」で出仕したものの、喧嘩が原因で信濃国に帰され、小松原《こまつばら》（現、長野県下伊那郡下條村）で牢人生活を送ったという。この与一右衛門という人物は、過去帳でいう一六五二年正月十五日になくなった「杢左衛門祖父」という人物に比定できる。

そして、曾祖父の波合備前であるが、これは武田信玄・勝頼に仕え、武田家の旗本として足軽《あしがる》五〇人をあずけられたとあり、冒頭で紹介した長篠の戦いで討死した波合備前胤成であるとする。ただし、求馬の親類書では、備前の没年を勝頼滅亡のとき、すなわち一五八二（大正十）年としていることから、胤成が一五七五年の長篠の戦いで討死したという事実に齟齬《そご》する。したがって、この親類書をもってしても、波合備前と浪合の原家との関係を正確には摑むことができないのである。

このように、戦国時代末の天正期から、徳川開幕直後の慶長・元和・寛永《かんえい》期にいたるおよそ五〇年間を系譜的につなぐことは、千葉家に限らず、全国の「旧家」といわれるいずれの家についてもたいへんむずかしい作業である。それぞれの家に伝わる系図が必ずしも信用にたるものでないうえ、墓碑や位牌も戦国時代にさかのぼるものはほとんど残っていない。これは、戦国末に生きた人びとが、武士として先陣に加わり戦死し、幼少で残された子どもたちが親族にあずけられて成長していくなど、まさに激動の時代であったことを反映しているのである。そのため、これまでの兵農分離《へいのうぶんり》研究においても、個々の家々の系譜をたどり、兵と農がどのように生み出されていったのかを具体的に明らかにする作業はほとんどなされていない。

しかし、本書では、あえてこの空白の五〇年間をつなぎ、戦国末から近世初頭への移行を、実体的にとらえる試みを行いたい。そのために、まずは空白を乗り越えて近世を通じて存続した原諸家についてその系譜を明らかにする作業を行っていく。

武士となった原家

浪合の千葉家には、江戸時代から各地の原家の情報がよせられている。そのなかで、まずは小笠原氏の家臣となって九州に居住した原諸家の足跡についてみていこう。

福岡藩の支藩である直方《のうがた》藩の領主黒田伊勢守長清《くろだいせのかみながきよ》▲に仕えた原甚五右衛門包久《じんごえもんかねひさ》から送られてきた「原家略系」と添書《そえがき》が、千葉家には残されている。その包紙には、「黒田伊勢守内　原甚五右衛門」とあることから、この系図は長清存生中の一六六七(寛文七)年から一七二〇(享保《きょうほう》五)年のあいだに書かれたものと判明する。これを、系図2に示した。添書によると、原甚五右衛門の祖は、一二四七(宝治《ほうじ》二)年に信濃国伊那郡小松原の次郎盛吉《もりよし》の養子としてはいった下総国千葉介常胤《つねたね》▲六男の肥後守常吉《ひごのかみつねよし》であるという。小松原の家を世の人が「原之某」と呼んでいたために、原を家名としたという。常吉から五代孫の原備前守吉真《よしまさ》が下伊

▼**黒田伊勢守長清**　黒田長清は、一六八八(元禄元)年十二月九日に、筑前《ちくぜん》国鞍手《くらて》郡に新墾田《しんこんでん》五万石をあたえられ、福岡藩の支藩直方藩主となった。しかし、一七二〇(享保五)年に嗣子なくしてなくなったため、家はたえることになる。

▼**千葉常胤**　一一一八〜一二〇一年。桓武平氏良文《よしふみ》流の千葉常重の子。下総国(現、千葉県)千葉荘住。源《みなもとの》範頼《のりより》の信任厚く、下総国守護《しゅご》。

●系図2　原家（九州関係）系図（千葉家文書より作成）

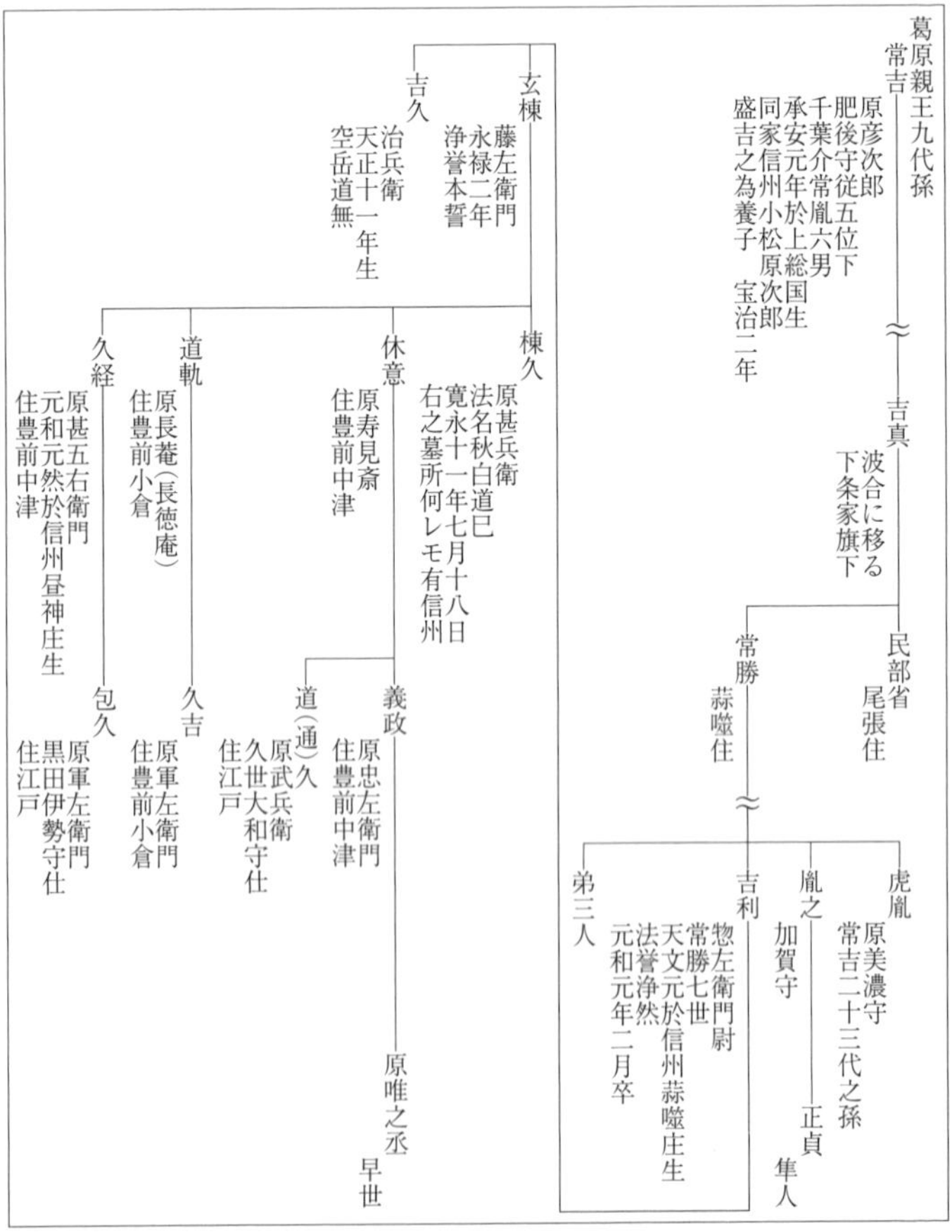

那郡浪合に移り、下条氏の家臣となった。吉真の嫡子民部《みんぶ》省（ママ）は尾張《おわり》に住み、二男豊後守常勝《ぶんごのかみつねかつ》が下伊那郡蒜噛《ひるがみ》（昼神、長野県下伊那郡阿智村）に居住した。常勝から七代目惣左衛門吉利《そうざえもんよしとし》は、一五三二（天文元）年に蒜噛荘で生まれたが、身の丈六尺五寸（約一八五センチ）の剣豪であったという。吉利は一六一五（元和元）年二月に没するが、その嫡子藤左衛門玄棟《とうざえもんはるむね》と二男治兵衛吉久《じへえよしひさ》が、松本藩八万石小笠原秀政《ひでまさ》▲の二男忠政《ただまさ》（のち忠真《ただまさ》）の旗下として、一六一五年四月大坂夏の陣に従い忠功をあげた。小笠原秀政と兄忠脩《ただなか》はこの陣で討死し、二男忠政が遺領を継いだ。なお、小笠原氏は、一六一三（慶長十八）年まで飯田《いいだ》城主、また松本移封後も一七（元和三）年までは預地《あずかりち》として旧領を支配していたが、原吉利・玄棟・吉久が小笠原家に仕えていた形跡はない。おそらく大坂夏の陣には「浪人」として参陣し、ここであげた功績により、小笠原家に召し抱えられたものとみられるのである。その一つの証拠として、原治兵衛吉久に小笠原忠政が、筑摩郡波《は》田《た》村（現、長野県松本市波田）で一〇〇石の知行をあたえたことが、元和二（一六一六）年五月二日付の宛行状で確認できる（『信濃史料』第二二巻）。

その後小笠原忠政は、一六一七年に松本から播磨《はりま》国明石《あかし》（現、兵庫県明石市）

▼**小笠原秀政**　一六〇一（慶長六）年二月、二万石を加増され、下総国古河《こが》から信濃国飯田に移る。一六一三（慶長十八）年十月、三万石を加増され、信濃国松本城に転封される。一六一五（元和元）年大坂夏の陣のとき、長男忠脩と二男忠真とともに徳川秀忠《ひでただ》に従い参陣し、秀政・忠脩父子は討死し、忠真が跡を継ぐ。

に移り（一〇万石）、さらに三二（寛永九）年に豊前国《ぶぜん》小倉《こくら》（現、福岡県北九州市）で一五万石を領すことになった。これにともなって、原玄棟と吉久も松本から移動し、その子長徳庵《ちょうとくあん》の代には豊前国小倉に居住と記されているのである。ただし、吉久には嗣子がなかったため、その家はとだえている。他方、玄棟の二男原寿見斎《じゅけんさい》は、小笠原忠政の兄忠脩の子長次《ながつぐ》に仕えた。長次は、一六二六（寛永三）年に播磨国龍野《たつの》（現、兵庫県たつの市）で六万石をあたえられ、さらに三二（同九）年には豊前国中津《なかつ》（現、大分県中津市）に二万石の加増を受けて移封されている。そのため、原寿見斎も豊前国中津に移り住んだのである。

「原家略系」を千葉家に提供した原甚五右衛門の父である玄棟四男久経《ひさつね》も寿見斎とともに中津城下に住んだが、仕官していた形跡はなく、甚五右衛門包久の代に黒田長清に仕えたのである。長清の正室《せいしつ》は中津の小笠原長次の嫡子信濃守長勝《ながかつ》の娘であることから、黒田長清が支藩をあたえられたときに、甚五右衛門が召しだされたものと推定されるのである。

以上、「原家略系」から明らかになることは、信濃国伊那郡小松原、そして浪合を在所《ざいしょ》とした原家の一つの流れが、大坂夏の陣を契機に小笠原氏に仕える機会をえ、その後大藩の家臣＝「武士《ぶし》」として継承される家筋となっていくことである。さらに、その家筋の縁を梃子《てこ》として、あらたな仕官先をみいだし、近世前期に「武士」身分を獲得してゆくようすをみてとることができよう。

②——百姓となった原家

木曽の原家

これに対して、同じく小松原《こまつばら》と浪合《なみあい》に由緒《ゆいしょ》をもちながら、百姓の家として信濃国《しなののくに》の下伊那《しもいな》地域において継承されていった原家《はら》についてみていこう。信濃国には、小松原の原家、浪合の原家以外に、少なくとも木曽《きそ》郡蘭《あららぎ》村の原家、木曽の妻籠《つまご》村の原家、そして栗矢《くりや》の原家、吉岡《よしおか》の原家、月瀬《つきぜ》村の原家など多くの原家が知られている。それぞれの地理的関係を知るために、二〇ページ地図に地点を示した。

まず、木曽郡蘭村と妻籠村原家についてみておこう。千葉家の先代の当主千葉守人《もりと》氏のもとに、四月二十五日付で、静岡県に住む原一男氏から、一通の手紙が届いた。これは、封書に一〇銭分の切手が貼られていることから、一九四四(昭和十九)年か四五(同二十)年に書かれたものであることがわかる。

その手紙は、千葉家の家系図を借用したことと、丁寧な説明を書面にて受けたことに対する礼状である。手紙の主である原一男氏の先祖は、江戸時代には木曾の妻籠宿▲に居住し、宿《しゅく》役人をつとめていた家であるという。たまたま墓参のおりに、江戸時代に蘭村の永代庄屋《えいたいしょうや》▲をつとめていたという原家をみいだし、その家系図を閲覧したという。その系図は、江戸時代中期に作成されたもので、系図3のように書かれていた。

手紙の説明によると、蘭村の永代庄屋をつとめた原氏は、波合備前守胤成《びぜんのかみたねしげ》の弟波合彦左衛門胤豊《ひこざえもんたねとよ》の系譜を引くという。胤豊は、川中島《かわなかじま》の合戦《かっせん》で胤成に従って参陣した経験をもち、一五八二(天正《てんしょう》十)年の武田家《たけだけ》滅亡ののちに木曾の蘭村にいたり、土着して庄屋をつとめる家となった。地元ではこの原家を「御《お》館《やかた》」と呼んでいたという。つまり、波合備前に弟がいたということになる。

これに対して、手紙の主である原一男の家は、やはり戦国末期に伊那谷《いなだに》を逃れて木曾にいたり、北蘭御料《ごりょう》林中の長者平《ちょうじゃだいら》(近辺は長者畑)と呼ばれるところに最初に住み着いたという。江戸時代中期につくられた系図によると、蘭村永代庄屋原家の系図中、「胤光《たねみつ》の子孫、即ち市之丞《いちのじょう》胤末《たねすえ》の後なり」との記載があると記されている。先祖は、原与市右衛門尉《よいちえもんじょう》といい、蘭村広瀬《ひろせ》に居住していたことから、広瀬与市右衛門尉ともいうと伝えられているが、諱《いみな》は判明せず、重直《しげなお》

▼**妻籠宿** 中山道の宿駅。となりの馬籠《まごめ》宿の本陣島崎家の子孫が島崎藤村《しまざきとうそん》である。藤村の『夜明け前』には、一八六四(元治《げんじ》元)年天狗党《てんぐとう》通行のとき、浪合関所の通行を拒否した波合左源太(四六ページ系図6⑬胤凭《たねより》)が登場する。

▼**永代庄屋** 江戸時代の世襲庄屋。入札《いれふだ》(選挙)で選ばれた一代庄屋に対して、代々特定の家が世襲した場合。

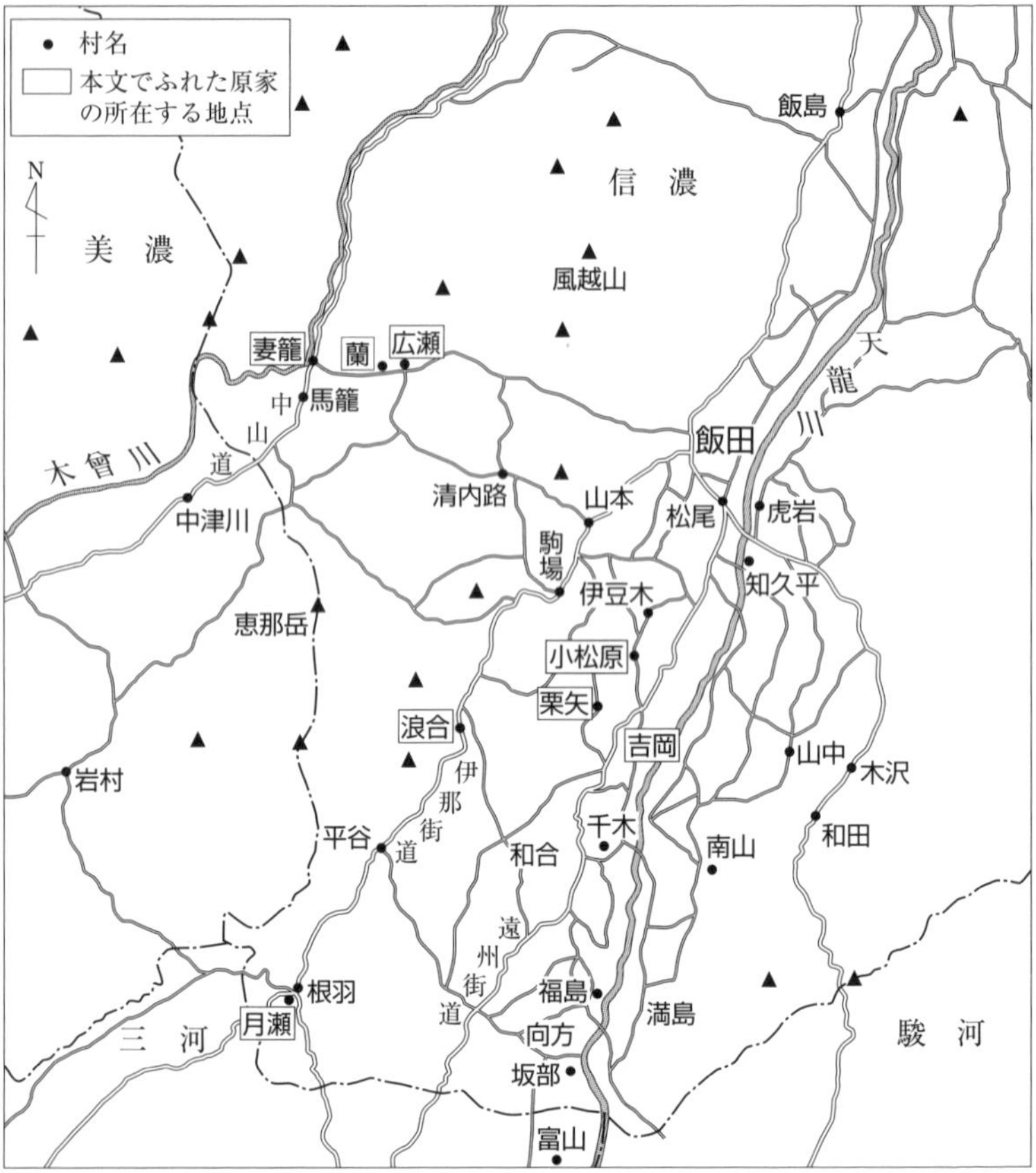

下伊那地域図

系図3　木曾の原家系図（千葉家文書より作成）

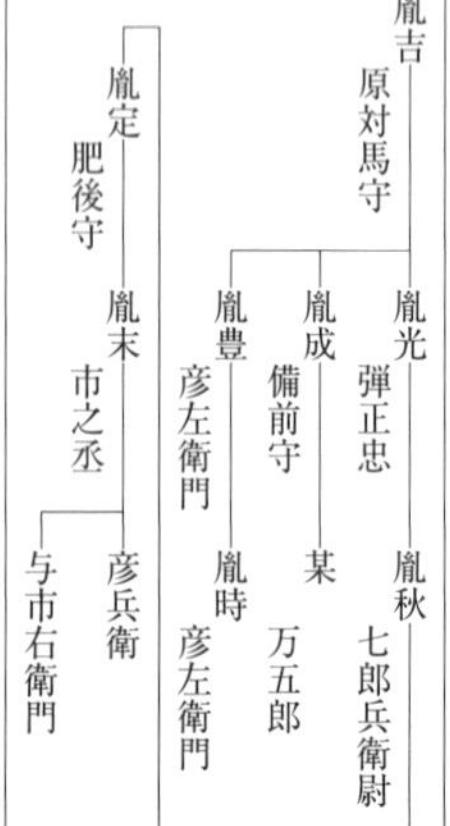

▼代官　在地支配のためにおかれた役人。農政を担当した。

とも直成《なおしげ》ともいわれているという。与市右衛門尉は、江戸時代の初頭に蘭村の代官《だいかん》▲を命じられ、のちに妻籠に移り、そこから妻籠村の原氏と広瀬氏の二家に分かれた。手紙の主の先祖にあたる原家は、このうちの妻籠村の原氏の系譜で、江戸時代を通じて妻籠宿の役人をつとめることになったのである。

この手紙では、原与市右衛門尉が蘭村の代官を命じられた時期を「徳川《とくがわ》時代の始め」としか記しておらず、また妻籠村に移って原氏と広瀬氏に分かれた時期も具体的に述べられていない。そこで、その時期を推定するために、妻籠村や蘭村に伝存する文書史料を使って事実関係を補足していこう（『信濃史料』『長野県史』）。

まず、寛永《かんえい》十九（一六四二）年六月二十七日「妻籠村人数書上帳《かきあげちょう》之《の》写《うつし》」の末尾に妻籠村の役人として連署した八人のうち、「原佐左衛門」の名をみいだすことができる。おそらくこれが、妻籠村に移住して分かれ、妻籠村の役人をつとめたという原家と推定される。この原家がいつから妻籠村の史料にあらわれるか、さらにさかのぼってみると、慶長《けいちょう》十八（一六一三）年五月二十五日付で、妻籠村百姓二七人と「町中」が代官山村良勝《やまむらよしかつ》に差しだした同五（一六〇〇）年から十四（一六〇九)年の年貢《ねんぐ》算用の書上に「佐左衛門」の名をみいだすことができる。したがって、すでに一六〇九年には妻籠村に原家が存在したことになる。

他方、一五九九(慶長四)年に妻籠村光徳寺《こうとくじ》で本尊薬師瑠璃光如来《やくしるりこうにょらい》をつくるにあたって行われた勧進帳《かんじんちょう》に肝煎《きもいり》▲として連署する三人の名前をみると、嶋崎彦左《しまざきひこざ》衛門《えもん》・丸山久右衛門《まるやまきゅうえもん》・甚左衛門《じんざえもん》とあり、原姓の者はみられない。また、寄進者の名にも原姓の者はみられない。このことから、一五九九年段階では、いまだ原家は妻籠村にいなかったと推定される。さきの手紙では、この光徳寺は広瀬与一右衛門尉の開基《かいき》と伝えられるという。たしかに、一五九九年に本尊をつくろうとしていることから、このころに開基されたとみても不思議ではない。とすると、広瀬家が妻籠村に移り、原家を分立したのは、一五九九年ごろ、おそくとも一六〇九年以前ということになる。

これに対して、妻籠村の原家を輩出した蘭村広瀬の広瀬家は、近世前期に蘭村の代官として確認される。そもそも、蘭村は一七二一(享保六《きょうほう》)年の検地《けんち》まで、妻籠村の一部という扱いで、独立した村ではなかった。蘭村は、妻籠から飯田《いいだ》にぬける飯田道にそった九つの集落からなるが、そのもっとも飯田よりの集落

▼**肝煎**　庄屋・名主の別称。近世前期に多くみられる。

▼**「信州下向記」**　山城国醍醐寺理性院厳助が一五三三(天文二)年に山城国から信濃国伊那郡文永寺で行われる結縁灌頂《けちえんかんじょう》の儀式のために下向した際の記録(『新編信濃史料叢書』第一〇巻所収)。

●──木曾の原家関係系譜

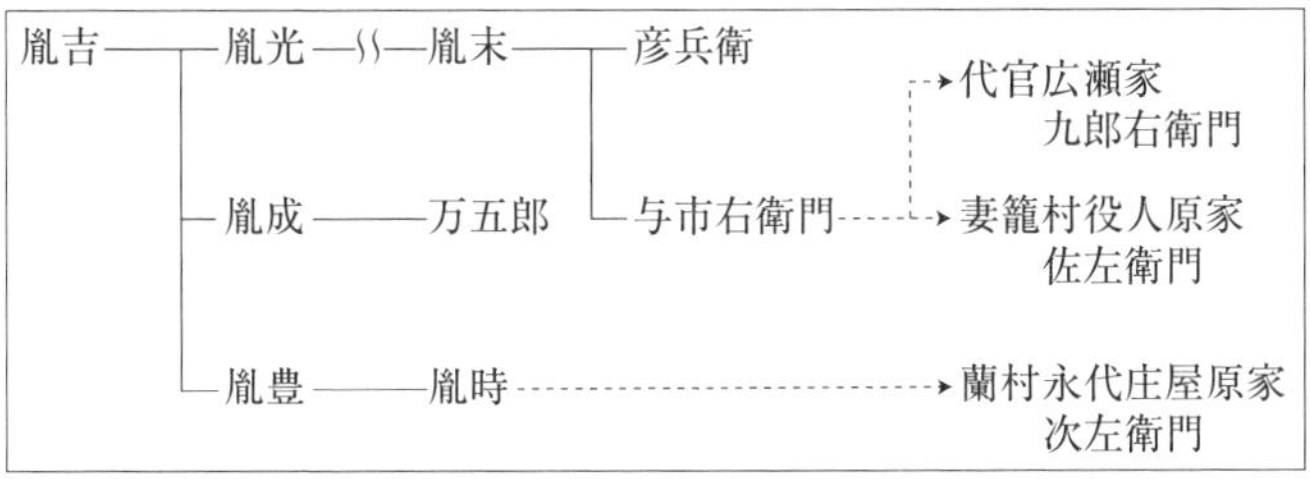

である広瀬が、一番古くに開発された地域といわれている。一五三三（天文《てんぶん》二）年の山城《やましろ》国醍醐寺《だいごじ》理性院《りしょういん》厳助《げんじょ》「信州下向記《しんしゅうげこうき》」に、妻籠から広瀬にいたり、広瀬から山のなかを通行する際に、妻籠の指示を受けた「広瀬者」が厳助を送ったとの記述があるように、すでに十六世紀に確認される。

くだって、一六七一（寛文《かんぶん》十一）年に起こった蘭村と妻籠町衆との柴山争論《しばやまそうろん》では、妻籠町衆を取り仕切る者として嶋崎与《よ》次《じ》右衛《え》門《もん》、蘭村の窓口として広瀬九《く》郎《ろう》右衛《え》門《もん》が表に立っている。嶋崎与次右衛門は、一六一四年から二八（寛永五）年まで、毎年妻籠村の年貢算用状を代官山村良勝から受け取っているように、妻籠村の郷《ごう》代官的な位置にいた。他方、広瀬九郎右衛門も、一六六九（寛文九）年、蘭村肝煎次《じ》左《ざ》衛《え》門《もん》と組頭《くみがしら》らから、不法な材木や木皮の売買を行わない旨の誓約を受けており、蘭村を支配する郷代官的な位置にいたことが明らかである。この広瀬九郎右衛門が、原一男氏の手紙にいう蘭村の代官に任じられたという代官広瀬与一右衛門尉の子孫とみられるのである。そして、この史料にある肝煎次左衛門が、手紙に引用した系図をもつ蘭村永代庄屋の原家ということになる。

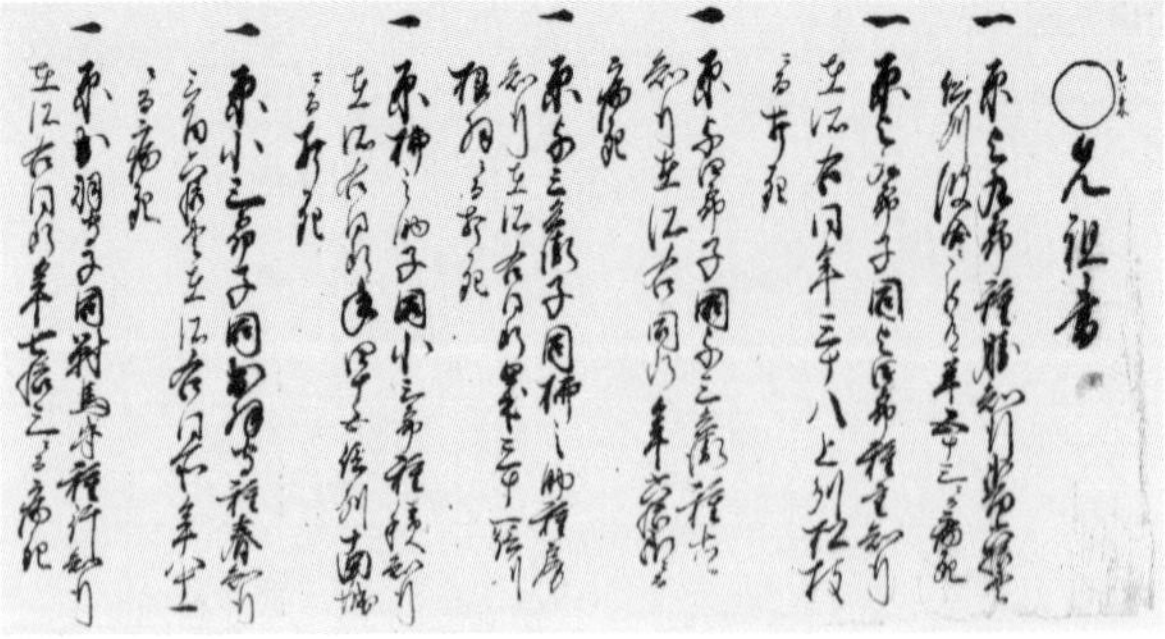

●―原与市右衛門「先祖書」(千葉家文書)

以上を図に示すと、前ページの図のようになる。妻籠村と蘭村には、原家の系譜を引く三つの家があったことになる。第一は、系図3の胤光―胤末の系譜を引くという伝承をもち、郷代官をつとめたという広瀬与一右衛門尉の家である。これは、胤末の二人の倅のうち末子の与市右衛門の系譜を引くことを意味している。第二は広瀬与一右衛門尉から分かれ妻籠村の役人をつとめたという手紙の主である原家、第三は胤光の弟胤豊の系譜を引くという蘭村永代庄屋の原家である。いずれの家も波合備前胤成の傍系の子孫ということになるが、第二の妻籠村役人の原家の家紋《かもん》は、月星で、裏紋として九曜の星を使っていたと述べられており、波合備前胤成と同じ紋である。

栗矢の原家

これらの木曽三家のうち、第一の広瀬与一右衛門尉と同じ出自を家譜に記録しているのが、伊那郡栗矢村の原家である。この原家は、二〇ページの地図に示したように、小松原村近くの栗矢村にあり、幕末《ばくまつ》維新《いしん》期に千葉氏と改姓した。同家の系図によると、「中興の初代」とされているのは、原与《よ》九郎《くろう》胤勝《たねかつ》十二世孫

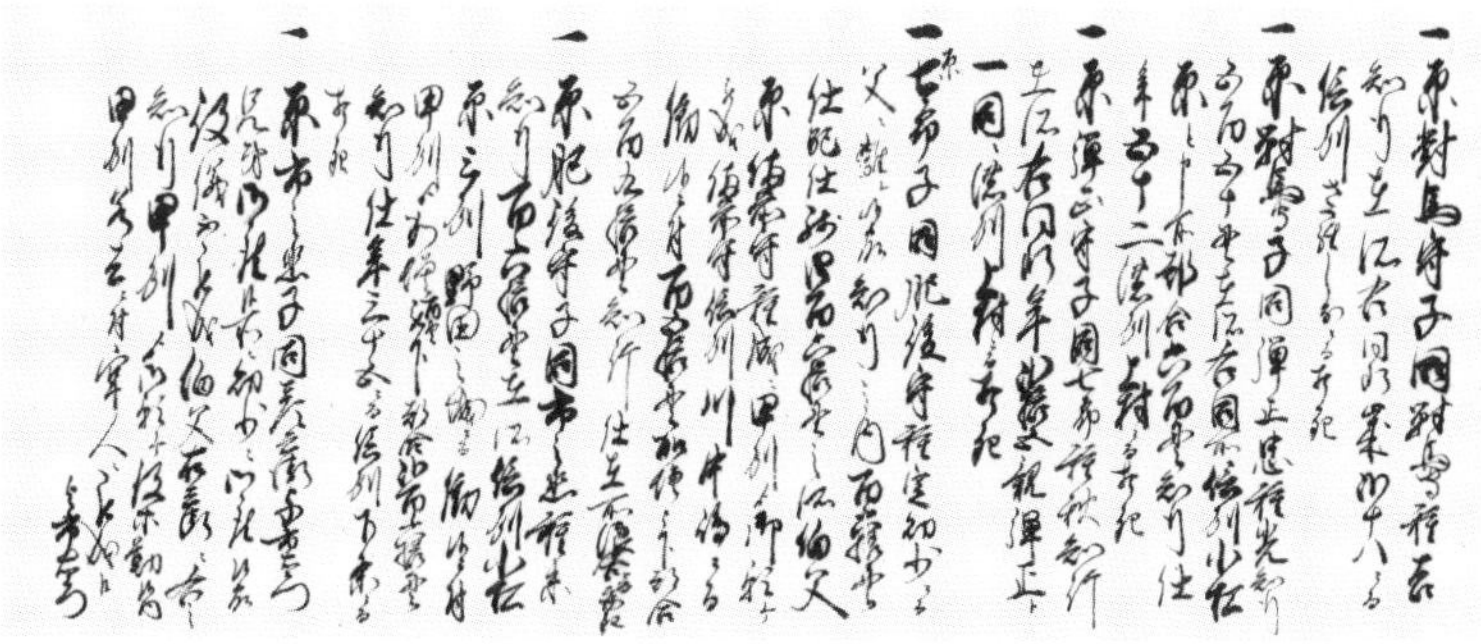

市之丞《いちのじょう》胤末の二男与市右衛門である（村沢武夫『原家の人々』）。この与市右衛門は、父市之丞が没して小松原の原家がとだえたとき、知行所《ちぎょうしょ》栗矢に隠棲し、一六二六（寛永三）年三月二十七日に没したといわれている。栗矢の原家は、与市右衛門長男の五郎助《ごろうすけ》から代々栗矢村の村役人をつとめた。代々の諱には、四代市之丞重賢《しげかた》、六代市之丞古重《ふるしげ》、七代市郎右衛門《いちろうえもん》重和《しげかず》、八代嘉重郎《かじゅうろう》重珍、九代市郎右衛門重堅《しげかた》など、「重」の文字が受け継がれていることがわかる。この点は、木曾の広瀬与一右衛門尉の諱を、重直とも伝えているように共通点があり、今後、両者の関係をさらに調べる必要がある。

ところで、木曾と栗矢の原家の由緒に共通して登場する与市右衛門という人物の「先祖書《せんぞがき》」の写しが、浪合の千葉家に残されている。これは、「原与九郎種勝　知行弐百六拾貫　信州《しんしゅう》波合ニ罷有　年五十三ニ而病死」から、十二代目の与市右衛門までの系譜を書き上げたものである。これを、系図4にあらわした。

これによると、与市右衛門の祖は原与九郎種勝である。原与九郎種勝から五代目種続《たねつぐ》までは、知行二六〇貫文、知行・在所《ざいしょ》ともに浪合とされている。六代

●──系図4　原与市右衛門先祖書（千葉家文書より作成）

原種勝
与九郎
知行二六〇貫
信州波合に罷有
五三歳　病死

─原種重
与四郎
知行・在所同上
三八歳　上州松枝にて討死

─原種直
与三兵衛
知行・在所同上
六二歳　病死

原種房
払之助
知行・在所同右
三一歳　信州根羽討死

─原種続
小三郎
知行・在所同上
四五歳　信州南城討死

─原種春
出羽守
知行三六〇貫
在所同所
八一歳　病死

原種行
対馬守
知行・在所同
七三歳　病死

─原種吉
対馬守
知行・在所同
二八歳　信州さらしな討死

─原種光
弾正忠
知行五五〇貫
在所同所
信州小松原を知行
都合六〇〇貫
五二歳　濃州上村討死

原種秋
七郎
知行・在所同
二五歳　親弾正と
一同に濃州上村討死

─原種定
肥後守
幼少にて父に離故
知行之内一六〇貫支配
残四六《ママ》〇貫之所伯父原備前守
種成に甲州より御預け
伯父原備前守信州川中島にて
働候につき一五〇貫加増
都合五九〇貫知行
在所浪合にて病死

─原種末
市之丞
知行一六〇貫
在所信州小松原
三州野田之城にて働候に
つき甲州より加増一〇〇貫
都合二六〇貫知行
三五歳　信州下条討死

原彦兵衛

原与市右衛門
幼少に御座候故役儀罷成らず
伯父右兵衛に右知行甲州より
御預け、役等勤候内、甲州落去
につき牢人に罷成候

目種春《たねはる》の代に知行三六〇貫となり、九代目種光のとき小松原まで領有し、知行が六〇〇貫となった。別の史料では、種光の弘治《こうじ》年間(一五五五〜五八)に武田《たけだ》家に仕え、武田氏によって建てられた浪合関所《せきしょ》を守護したともいう。しかし、種光と嫡子の種秋《たねあき》が美濃《みの》国上《うえ》村で討死したため、種秋の子の種定《たねさだ》は一六〇貫を支配し、残りの四四〇貫は種光の弟種成にあずけられたという。この種成が波合備前であることは、前掲した系図3や、千葉家の過去帳からも明らかである。種成は、一五六一(永禄《えいろく》四)年の川中島の戦い▲で軍功をあげ、一五〇貫の加増を受け、知行は都合五九〇貫となった。ただし、表1(6)の加増高とは一致しない。

さきに記した木曾の原家や栗矢の原家の祖といわれる原与市右衛門は、胤定の孫に当たる。与市右衛門の父胤末は、小松原を在所とし、一六〇貫を知行したが、三河《みかわ》国野田《のだ》の戦いで一〇〇貫加増され、都合二六〇貫となった。しかし、一五八二(天正《てんしょう》十)年二月に織田信忠《おだのぶただ》▲の伊那攻めの際、下条《しもじょう》氏に随従して下条にて討死し、彦兵衛と与市右衛門の幼い兄弟が残された。知行地は伯父の右《う》兵衛《ひょうえ》にあずけられたというが、右兵衛については明らかではない。ついで同年三月、武田勝頼《かつより》の死により二人の兄弟は、主家を失い、「牢人《ろうにん》」することにな

▼川中島の戦い　信濃国川中島周辺で戦われた武田信玄と上杉謙信《うえすぎけんしん》との抗争。五度にわたる戦いの末、信玄は信濃国をほぼ制圧し、南進することになった。一五六一(永禄四)年の戦いがもっとも有名。

▼織田信忠　織田信長の長男。一五八二(天正十)年の武田氏との戦いでは織田軍の先鋒として信濃国を攻め落とした。

ったのである。

以上から、木曾と栗矢の原家は、浪合を在所とする原与九郎種勝の系譜を引く原家につながる家であることが明らかになる。それでは、いよいよ浪合の原家について検討し、空白の五〇年間に進行した兵農分離《へいのうぶんり》の過程を考証していこう。

浪合の原家

一〇ページに掲げた系図1「親類書《しんるいがき》」を作成した牢人波合求馬《きゅうま》は、その後一七〇〇(元禄《げんろく》十三)年から浪合の原家を継ぎ、左源太信胤《さげんたのぶたね》を名乗ることになる。信胤は晩年にいたり、浪合の原家が武田氏滅亡後の長年の浪人《ろうにん》生活で困窮し、元和《げんな》年間(一六一五〜二四)にはおおかたの武具を失い、さらに信胤の兄杢左衛《もくざえ》門宗胤《もんむねたね》が中年でなくなったために、家の歴史を語る書物や系図も紛失してしまったことをなげいた。そこで、みずから家の歴史を調べて考証し、「誠の実記《じっき》、是《これ》也」と自負する系図と「浪合氏代々之覚《おぼえ》」という略譜を完成させるにいたった。これが一七四三(享保十九)年のことである。信胤が作成した系図そのものは伝

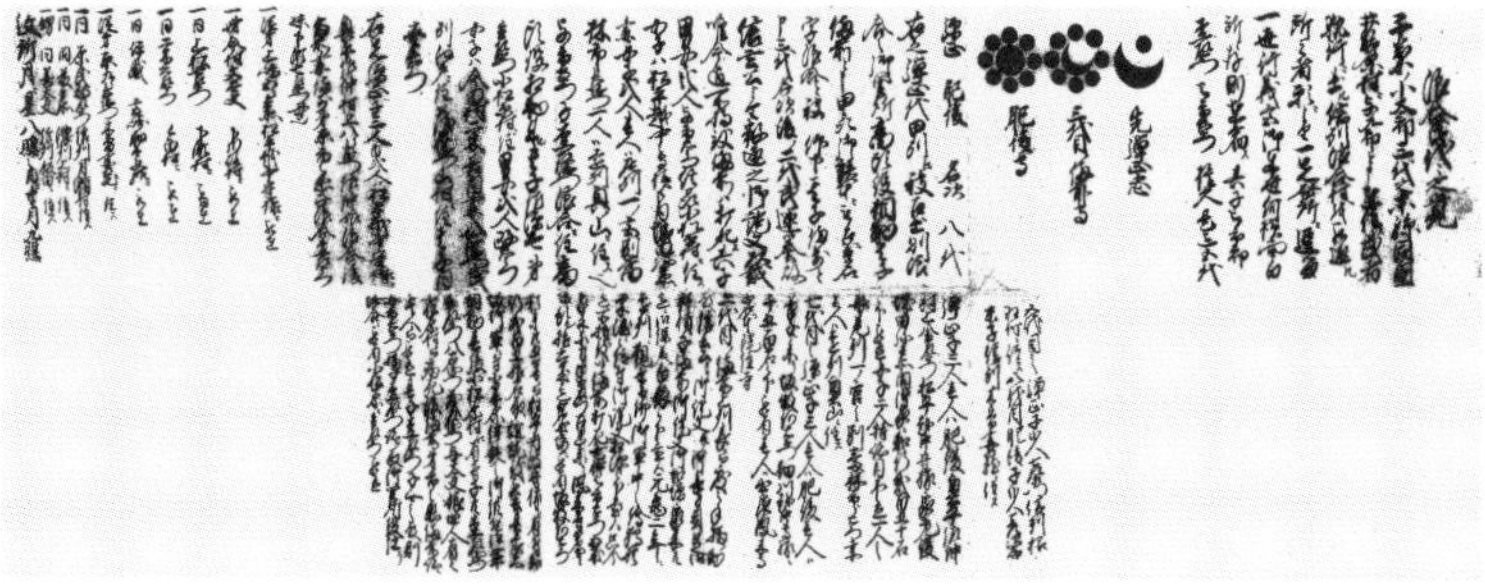

●—「浪合氏代々之覚」(千葉家文書)

●—系図5 「浪合氏代々之覚」の系譜関係図

- 弾正 甲州へ被召出 浪合関所番頭役
  - ≈ 備前 甲州御旗本に被召出 名字浪合と仰せ下さる 肥後
    - 備前
      - 備前 討死
        - 原市之丞
          - 浪合杢左衛門
            - 与市右衛門 信州小松原村住
              - 杢左衛門 浪合住 番頭役勤
                - 佐源太信胤
              - 兵左衛門 小松原村住
                - 政右衛門
                - 女 今田村一木善内妻
              - 八右衛門 武州江戸住
              - 茂左衛門 山村住
                - 幸右衛門
              - 与太夫
              - 女四人
            - 女 松平越中守内 城田弥兵衛知行 二五〇石妻
              - 女 尾州一ノ宮別当林市郎右衛門妻
              - 女 遠州奥山住
        - 女 下瀬 七左衛門母

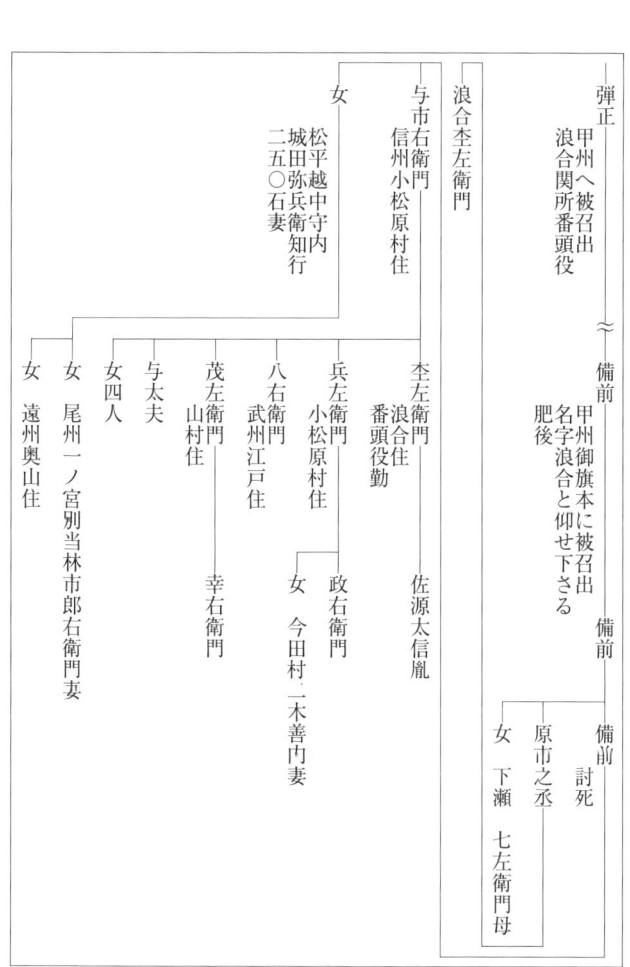

存していないが、一七九三(寛政五)年二月に、その当時当主であった氏胤《うじたね》が、信胤の書き記した系譜が虫損で読めなくなったとしてこれを写しとり、さらにその続きも記入して完成させた系図が残されている。これは、その後も千葉家の系図の基となったとみられ、一八七五(明治八)年になくなった十一代胤凭《たねより》まで記入した系図が現在伝わっている。

しかし、現在伝わる系図は、木曾や栗矢の原家の系譜と比べてみても、戦国時代末の部分に異なる点が多いうえ、「浪合氏代々之覚」と照らしてみても齟齬《そご》する点が多くみられる。これは信胤の系図を氏胤などがさらに改書あるいは追記をした結果とみられる。そこで、まずは十七世紀後期を生きた信胤が記した「浪合氏代々之覚」に従って、浪合の原家の系譜をたどってみよう。

浪合の原家の始祖は、千葉小太郎《こたろう》三代の末孫で、上総《かずさ》国井野原《いのはら》村(現、千葉県君津《きみつ》市)にいた与九郎という人物である。与九郎は、武者修行の途上で信州浪合村をとおったところ、土地の者が望んだため、しばらくここに逗留し、やがてこの地が気にいり、永住することになったという。

この由緒をみると、小笠原《おがさわら》家に仕えて武士になった原家(一三ページ参照)の

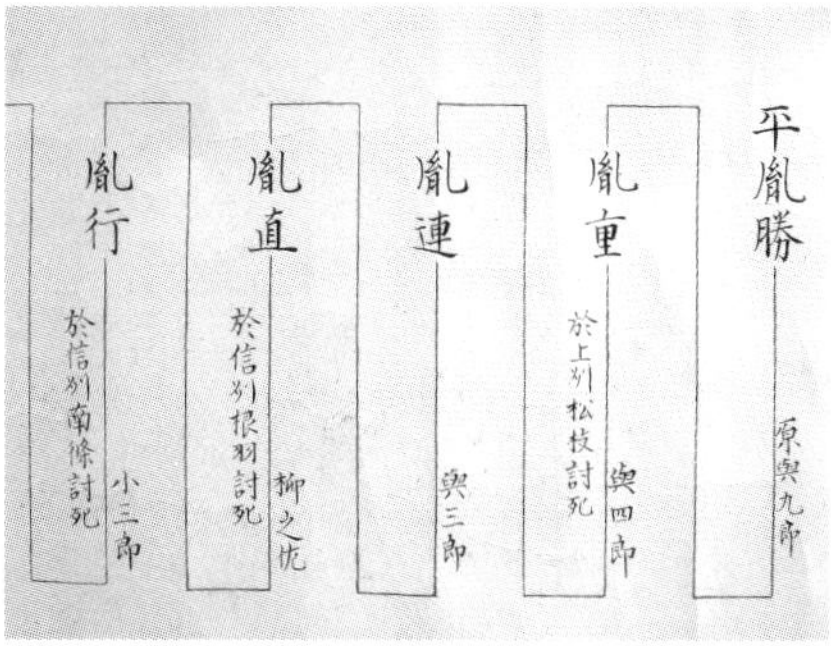

●千葉家系図の冒頭(千葉家文書)

由緒にみられる千葉常胤との関係は明記されていない。しかし、千葉小太郎とは、千葉常胤《つねたね》の孫にあたる小太郎成胤《しげたね》のこととみられ、間接的には千葉常胤とつながる。ただ、現在千葉家に伝わる系図でも、千葉常胤ではなく、与九郎胤勝を始祖としている。

さて、「浪合氏代々之覚」では、与九郎の後は、武田氏に仕えたという弾正《だんじょう》忠《じょう》まで記述がとんでいる。そこで、弾正忠以降を、二九ページ系図5にして示した。まず、弾正忠の代に、武田氏に召しだされ、浪合関所の「番頭役《ばんとうやく》」をつとめたという。弾正忠の跡をとったのは備前といい、武田氏の旗本《はたもと》に召しだされ、在所名をとって「浪合」と名乗るように命じられた。さらに備前の跡も備前といい、三代にわたって備前を継いだという。三代目備前の弟は原市之丞、市之丞の倅《せがれ》は杢左衛門といった。他方、三代目備前の妹は下瀬《しもせ》の上松七左衛門《あげまつしちざえもん》の母となる人物であるという。

さて、二代目と三代目の備前は、ともに武運に長《た》け、信玄から数通の「御証《ごしょう》文《もん》(判物《はんもつ》)」を頂戴し、当時にいたるまで所持しているという。二代目の備前は上州表《じょうしゅうおもて》での手柄を誉める信玄《しんげん》の判物や、長刀《なぎなた》や具足《ぐそく》を信玄から拝領した。三代目の備前は信玄から所領を加増し、家来《けらい》どもまで褒美として白銀をくだされるという判物を受けたという。

この二代目・三代目の備前が信玄から受けた「御証文」が、六ページ表1の千葉家に伝来する信玄の感状である。表1に照らしてみると、二代目備前は(1)天《てん》文《ぶん》十五(一五四六)年と(3)永禄元(一五五八)年の感状を受け、三代目備前は(5)永禄三(一五六〇)年以降の感状を受けたことがわかる。つまり、「浪合氏代々之覚」でいう三代目備前が、波合備前胤成ということになるのである。

さらに、「浪合氏代々之覚」の下げ札によると、三代目備前は、一五七一(元《げん》亀《き》二)年に信玄から観世音仏《かんぜおんぶつ》と軍中の絵を狩野永徳《かのうえいとく》に命じて描かせたものを判物にそえてくだされたという。このうち、観世音仏については、「一尊下条」という信玄の判物の写しとともに、千葉家と松源寺《しょうげんじ》に文書が伝わっている。

それによると、一五七二(元亀三)年二月十六日、武田信玄が三河・遠江《とおとうみ》国に向けて甲府を出馬するとき、越後《えちご》発向の際に善光寺《ぜんこうじ》如来を甲府に移した吉例にならって、弓馬のご利益《りやく》で名高い三河国小松原の馬頭《ばとう》観世音菩薩《ぼさつ》に代参するよう命じた。これを受けた原美濃守虎胤《みののかみとらたね》が、縁者である波合備前守の知行所に

●―松源寺馬頭観世音菩薩像

▼**鳳来寺**　愛知県新城市にある寺。七〇三(大宝《たいほう》三)年に文武《もんむ》天皇の病気平癒を祈って利修仙人《りしゅうせんにん》が創建したと伝える。初め天台宗《てんだい》であったが、近世に真言宗《しんごん》となる。

小松原という地があることから、ここに観世音菩薩を勧請《かんじょう》することを進言した。そこで、波合備前守が三河国小松原に代参し、観世音菩薩の余木を入手して信玄に進上したところ、信玄は仏師《ぶっし》に命じてこの余木で観音尊像を彫刻させ、「御証文」と、狩野永徳に描かせた信玄の陣中の絵とともに、備前守に下賜したのである。千葉家に残る「御証文」の写しによると、この逸話にある「一尊下条」は元亀二年九月十九日付で、「武田信玄」から「波合住　備前」宛であることがわかる。この馬頭観世音菩薩像は、波合備前守の子孫である胤次が宝永《ほうえい》三(一七〇六)年に小松原松源寺に別堂を建て安置し、現在まで同寺に伝えられている。

さて、「浪合氏代々之覚」によると、三代目備前は討死したというが、どの戦いで討死したのかは記されていない。三代目備前の子どもは男女二人おり、男子の与市右衛門は、備前が討死した当時五歳で、家来の小刀《こがたな》四郎左衛門《しろうざえもん》がつれていき、鳳来寺《ほうらいじ》▲岩本院《いわもといん》にあずけた。一六歳まで岩本院にいたのち坂牧《さかまき(ママ)》何右衛門に頼んで、二五歳で松平丹波守《たんばのかみ》に仕官し、知行二五〇石《こく》取りとなったという。ところが、喧嘩をしたため知行を離れ、牢人してしまった。そのころ大坂

●—小松原原家一族の墓（松源寺）

の役があり、「小笠原伊鉄」のお供として従軍したとも記されている。晩年は信州小松原村に住み、病死したという。

　ここで、与市右衛門について、八ページで述べた波合求馬の親類書の記載内容と比べてみよう。親類書では、与市右衛門が仕官した主家を松平越中守《えっちゅうのかみ》とし、また、大坂の役と仕官との時間的関係が前後しているなど、若干の相違がある。しかし、大坂の役でお供をしたという小笠原伊鉄とは、小笠原長臣《ながをん》の法名《ほうみょう》であり、記述は一致する。また、与市右衛門が喧嘩のために牢人したこと、晩年は小松原ですごし、病死したという点は、大筋で一致している。したがって、「浪合氏代々之覚」は、信胤がさまざまな調査を行って、求馬時代の親類書に肉付けして完成したものと考えられる。

　さらに、与市右衛門の子は、「浪合氏代々之覚」では、杢左衛門・兵左衛門《へいざえもん》・八右衛門《はちえもん》・茂左衛門《もざえもん》・与太夫《よだゆう》と娘四人とする。杢左衛門は、浪合に住み「番頭役」をつとめ、その子は佐源太（信胤）であるという。杢左衛門の弟である兵左衛門は、小松原に居住し、男女二人の子どもがある。男子は政右衛門《せいえもん》、女子は今田《いまた》村二木善内《ふたきぜんない》の妻となっている。政右衛門は一七〇七（宝永四）年に没した（松源寺過去帳）。八右衛門は、武州《ぶしゅう》江戸におり、茂左衛門は山村に居住している。茂左衛門の子は、幸右衛門《こうえもん》である。この系譜でも、求馬の親類書では、兵左衛門の記載がなく、また八右衛門が小松原で百姓をしているとする点で、「浪合氏代々之覚」と異なっているところがある。しかしこれは、求馬の親類書が書かれた一六八一（天和元）年の時点では、すでに兵左衛門がなくなっており（一七四七〈延享《えんきょう》四〉年没・松源寺過去帳）、八右衛門が跡を継いでいたためとみられる。

以上、「浪合氏代々之覚」に基づきながら、浪合の原家の歴史をたどってみた。それによると、原家は浪合に住み着いた千葉常胤から五代のちの与九郎胤勝を始祖とし、代々浪合を居所とした武士であったことになる。この点は、醍醐寺理性院厳助の「信州下向記」からも裏づけることができる。一五三三（天文二）年十月一日に、信濃国伊那郡南原《みなばら》の文永寺《ぶんえいじ》での法要を終え、下条から浪合を経由して山城国に戻る際、あらかじめ下条氏から浪合の原弾正忠に知らせが送られていたため、下条の峠まで原弾正忠が武者三〇人で出迎えにきていたことが記されている。

このように、すでに十六世紀の前期には、原家は浪合を在所とする武家の一団をなしていたのである。その後、武田信玄の信濃国進出にともなって信玄の旗下となり、三河・尾張への交通の要衝として設けられた関所を守ることになった。その後は、武田家の旗本となり、「浪合」の姓を許され、とりわけ三代続いた備前の二代目、三代目備前に武威に秀でた者がでて、名を残すことになったのである。

これら十六世紀を生きた浪合の原家代々の名乗を確定することは困難である。ただ、長篠《ながしの》の戦いでなくなった波合備前とその一代前の備前については、胤成と胤光である可能性が高い。ただし、この二人が「浪合氏代々之覚」(二一九ページ系図5参照)や「与市右衛門先祖書」(二一六ページ系図4参照)にいうように、親子であるのか、あるいは木曾の原家系図(二一〇ページ系図3参照)のように、兄弟とするのか、を確定することは現段階では困難である。

さらに、これまでは詳しく述べてこなかったが、下条の吉岡に居住する原家の先祖に関する由緒ともあわせて考証する必要がある。吉岡の原家の子孫にあたる原董《ただす》氏によると、吉岡の原家は「胤吉」を始祖とするという(二一〇ページ系図3参照)。胤吉は、吉岡を本拠とする下伊那の太守《たいしゅ》下条氏の目付《めつけ》として、武

●—吉岡原家の四脚門

田信玄により配置され、浪合から分かれて来住したという。胤吉の子の原備前守胤光は、武威にすぐれ、武節での戦いで下条氏に勝利をもたらす活躍をしたことの褒美《ほうび》として、一五五七(弘治三)年に武田晴信《はるのぶ》から下条信氏《のぶうじ》が受けた判物(六ページ表1⑵)と鑓《やり》、そして四脚門《しきゃくもん》を、下条氏からあたえられたという。四脚門は現在まで原家の門として使われている。

浪合関所の役人

さて、波合備前胤成が長篠の戦いでなくなったあと、浪合関所はだれが守っていたのだろうか。一五八二(天正十)年に武田氏が滅亡すると、浪合関所は八五(同十三)年から九〇(同十八)年まで徳川家康《いえやす》のもとで復権した下条氏、九〇年以降の豊臣《とよとみ》政権下においては毛利秀頼《もうりひでより》、京極高知《きょうごくたかとも》が支配した。さらに、一六〇三(慶長八)年に徳川幕府が開いたのちは、徳川直轄領として代官宮崎藤《みやざきとう》右衛《え》門《もん》の支配を受けたのち、二一(元和七)年から二四(寛永元)年まで旗本村上源助《げんすけ》知行地、二四年からは旗本知久則直《ちくのりただ》の預地《あずかりち》となった。

「浪合氏代々之覚」によると、胤成がなくなったのちは、胤成の弟原市之丞が

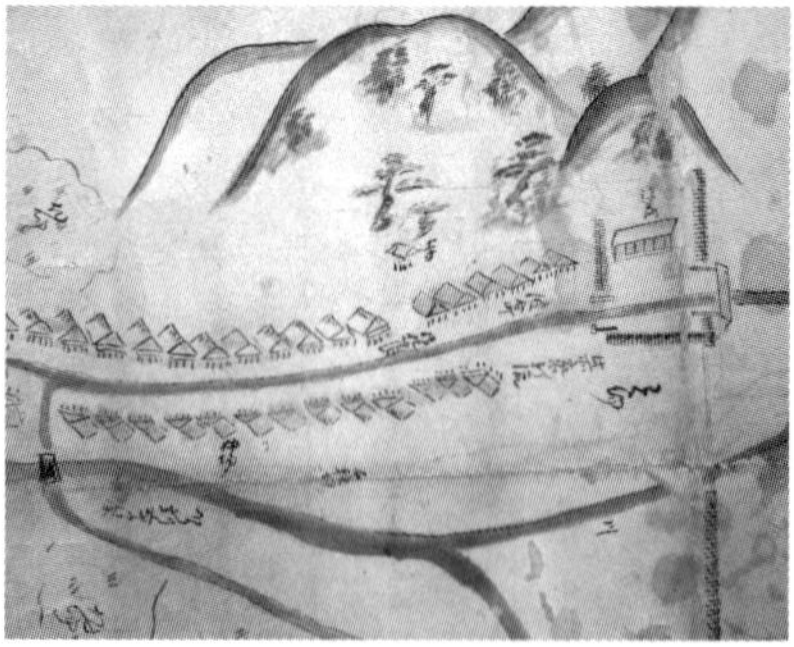

●――一七二一（享保六）年の浪合関所の位置（千葉家文書）　このあと、関所が西側（写真右側）に移動した。

浪合に居住していたと記している。この市之丞のあとは、倅の杢左衛門が継いで関所を守った。しかし、杢左衛門には子どもがいなかったため、小松原に隠棲していたという、波合備前胤成の子与市右衛門の嫡子が浪合に移ったという。そして、小松原の原家は兵左衛門が継いだ。

胤成の弟という市之丞については、他に手がかりがないが、市之丞の子の杢左衛門と、胤成の子という与市右衛門、そして与市右衛門の子で浪合に移り杢左衛門と改名した三人に関しては、千葉家に伝わる文書史料で足跡をたどることができる。

まず、与市右衛門であるが、元和五（一六一九）年十二月二日付で、小松原の原喜次郎《よしじろう》と原太兵衛《たへえ》が、原与市右衛門に田畑・屋敷地を永代に譲り渡すという手形が残されており（『信濃史料』二三巻）、与市右衛門が小松原村に居住していたことを確認できる。また、千葉家の過去帳では、一六五二（承応元）年一月十五日になくなった悟心常頓禅定門を「小松原　与市右衛門」とする。

つぎに、二人の杢左衛門について確認するために、千葉家に残る十七世紀前期の関所手形《てがた》の宛所を調べると、市之丞の子の杢左衛門は、一六二九（寛永

●——関所手形（千葉家文書）

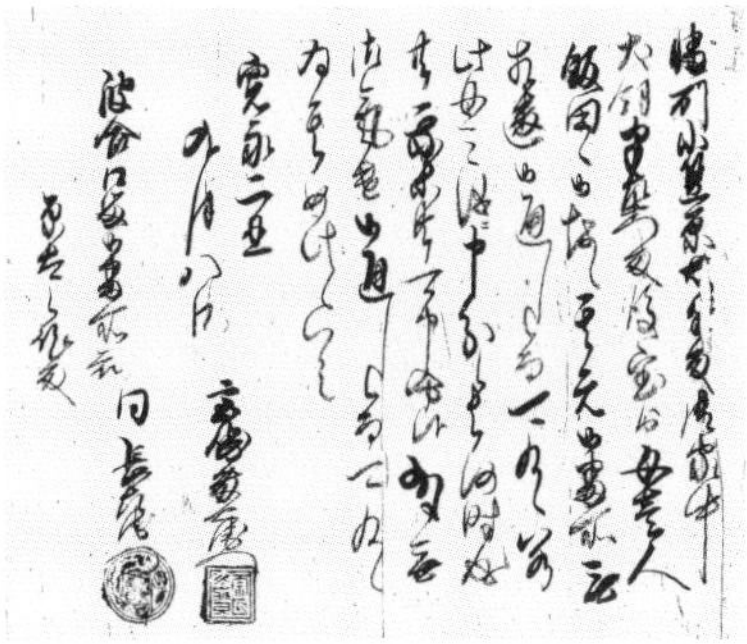

▼手代　代官の下で、年貢の徴収など実務にあたった役職。地元の有力農民が任命された。

▼惣百姓　村の名主（庄屋）・組頭など役人以外の百姓。小前《こまえ》百姓。

六）年までは太郎作《たろさく》と名乗り、その後杢左衛門に改名したことがわかる。杢左衛門の名は、一六三七（寛永十四）年までは確認できるが、没年月日は、一六五九（万治《まんじ》二）年十月二十二日であることから、その後名を変えてながく存生していたとみられる。

この跡を継いだという小松原の与市右衛門嫡子は、おそくとも一六四六（正《しょう》保《ほう》三）年から五五（明暦《めいれき》元）年まで、権九郎《ごんくろう》という名前で関所の役人としてあらわれ、その後杢左衛門と改名する。没年月日は、一六七〇（寛文十）年七月一日である。つまり、先代の杢左衛門がなくなる四年程前に、杢左衛門を襲名したのである。

それでは、なぜ権九郎が先代の杢左衛門存生中から浪合に移り原家を継いだのか。この理由を示唆するのが、原九兵衛という手代《てだい》▲の存在である。正保三（一六四六）年十二月十八日付の浪合村の一六四六（正保三）年度分の年貢の皆済《かいさい》手形は、「原九兵衛」から「波合ノ権九郎」宛にだされている。また、明暦元（一六五五）年十二月二十一日に、原権九郎が旗本知久覚之尉《かくのじょう》にだした訴状によると、「浪合村の惣百姓▲、原九兵衛殿御手代に仰せつけられ候儀、迷惑仕《つかまつ》り候」

と、原九兵衛が手代に命じられたことについて、浪合村の惣百姓が不満をいだいていたことがわかる。また、この訴状のなかで権九郎は、「我等仕り申候庄や《屋》」とも述べていることから、先代の杢左衛門が手代に取り立てられ、権九郎が庄屋役に命じられたと推測されるのである。

この推測が大きく的外れではないと考えるのは、原九兵衛と同時代を生きた、さきにふれた木曾の広瀬九郎右衛門や、のちに述べる吉岡の原家の子孫長右衛門が郷代官をつとめていたという事実である。主家である武田氏、ついで下条氏の滅亡を経験しながらも、原家の子孫が在所で江戸時代を迎え、地方支配の要《かなめ》として位置づけられていく姿をみることができよう。

さて、ここで、ようやく冒頭に述べた疑問が解決した。十七世紀の終りの千葉家では、一六九七(元禄十)年になくなった「原杢左衛門」を起点し、この杢左衛門との関係でしか先祖をさかのぼることができなかった。それにもかかわらず、波合備前守胤成を盛大にまつる意識が濃厚にあったため、胤成を初代としたのであった。

しかし、これですべての事実が明らかになったわけではない。実は、大きな問題が一つ、いまだ解明できないままである。それは、波合備前に嫡子万五郎《まんごろう》がおり、備前が長篠の戦いで討死した跡を継いで浪合関所を守っていたという由緒である。これは、栗矢の原家の由緒書に記されている。それによると、まだ成人していない万五郎を後見したのが、系図3にある胤宗と小松原を在所とした胤末(市之丞)であったという。ところが、一五八二年二月、織田信長の軍勢が伊那に侵攻したとき、下条信氏《のぶうじ》▲に従って織田勢とたたかい、八月に胤定と万五郎は討死した。その後、胤末は在所に戻ったが、信長が本能寺《ほんのうじ》の変《へん》で倒れてから下条氏の再起をはかり、かわって下伊那に勢力をおよぼした徳川家康の家臣である菅沼定利《すがぬまさだとし》との闘いで、一五八七(天正十五)年に討死したという。

この由緒書に従うと、さきに「浪合氏代々之覚」に依って明らかにした備前の子与市右衛門は、実は万五郎の子息ということになる。また、胤成のあと浪合関所を守ったという市之丞も、備前の弟ではなく甥の流れの胤末であるといえる。最後に、この二点を考証しておきたい。

まず、万五郎は実在したのだろうか。その実在を裏づけるものは、天正十年七月に下条頼安▲から「原満五郎」に宛てだされた本領安堵《あんど》と重恩を保証する感状

▼**下条信氏**　下伊那郡大沢《おおさわ》、のちに吉岡を本拠地として下伊那南部を支配した太守。もとは甲斐国下条の出で、一三九四(応永《おうえい》元)年に流れてきたといわれる。信氏は九代目。一五八二(天正十)年二月に織田信忠勢に寝返った弟氏長のために落去し、同年六月二十五日に遠州宮脇《みやわき》にて没。

▼**下条頼安**　下条信氏の二男。十一代を継ぐ。一五八四(天正十二)年正月二十日、松尾《まつお》において討死。享年二九歳。

である（『信濃史料』一五巻）。これは下条直臣《じきしん》の糟谷与五右衛門《かすやよごえもん》と同時にだされたものである。下条家を裏切った逆臣九兵衛氏長《うじなが》父子を、信長が倒れた本能寺の変後に、討ち取ったことから、下条頼安がだした感状である。このとき、すでに万五郎は十分な働きをあげるほどに成長していたのである。

また、万五郎が実在し、その子どもが与市右衛門とみたほうがいいのは、吉岡の原長右衛門の系譜を参照してのことである。『下条由来《ゆらい》物語』を著わした喜《き》庵《あん》が、下条氏に関する聞取りを行った古老の一人に、原長右衛門がいた。喜庵の記録では、長右衛門は「波合ノ原備前孫」で「弐拾弐歳ノ年天正拾五年丁亥《ひのとい》三月下条家落去」、「万治元戊戌《つちのえいぬ》ノ年九拾三歳ニテ終ル」とあり、与市右衛門の世代とほぼ同一とみることができるのである。したがって、与市右衛門は胤成の孫と考えておきたい。

他方、胤成のあと浪合関所を守ったという市之丞も、胤成の弟とするより、甥の系譜の胤末とすると、その次の世代について、整合的な解釈をすることができる。すなわち、胤末の子には、系図3のように彦兵衛と与市右衛門の二人の兄弟があった。このうち、弟の与市右衛門については、「先祖書」が残されていたり、栗矢や木曾など、多くの原家で江戸時代につながる始祖として伝承される人物である。しかし、彦兵衛については、これまでふれられた由緒書がない。これは、彦兵衛が浪合関所を守る太郎作、ついで杢左衛門と名前を変え、浪合の原家の系譜に位置づけられてしまったため、逆に彦兵衛という名が忘れられたからなのかもしれない。

このように考えるならば、一一ページで述べたように、波合求馬の親類書で曾祖父備前の没年を一五八二年とすることも、万五郎との混同があったためとして納得がいく。つまり、求馬の親類書でいう備前とは、波合備前と万五郎の事績を混ぜあわせて記していたのである。また、これまで波合備前胤成の討死後に浪合関所を守ったというのも、万五郎を後見していた甥の系譜の胤末（市之丞）ということになる。

以上を整理すると、浪合関所を守っていたのは、備前守胤成―胤末（市之丞）―杢左衛門（彦兵衛・太郎作）―杢左衛門（権九郎）ということができよう。

武士と百姓のあいだ

ここまで、波合備前を追って、浪合の千葉家の先祖の系譜を再構成する作業を行った。その結果、信濃国の下伊那・木曾の広い範囲に、原家の足跡と縁戚関係のネットワークをみいだすことができた。最後に、明治に至る系譜をあらわしたものが系図6である。

この図をみると、五代目杢左衛門宗胤の世代まで、武士に仕官する親族が多くみられることが注目される。八ページで紹介した求馬(七代信胤)の親類書にも、姻戚関係を含めてほとんどが武士か、武士の妻となっている。求馬の伯父原茂左衛門は、松平左近《さこん》に出仕し、十八、九年以前に牢人して帰国したという。松平左近は、駿河《するが》国に五〇〇〇石の知行地をもつ旗本松平乗真《のりざね》とみられ、茂左衛門は江戸で仕官していたのである。兄の波合与市右衛門は、戸田《とだ》伊勢守すなわち甲斐《かい》・信濃国に知行地三〇〇〇石をもつ戸田輝道《てるみち》から一五〇石の知行を受けていたという。系図6にはないが、従弟の今村《いまむら》小三郎《こさぶろう》は、飯田藩主脇坂《わきさか》安政《やすまさ》の勘定役《かんじょうやく》で、原義兵衛《ぎへえ》は常陸《ひたち》国の五〇〇〇石の旗本内藤《ないとう》采女《うねめ》信有《のぶすみ》に仕えていた。伯母は脇坂安政の家臣桑良《くわら》又市《またいち》の妻であり、姉は下総《しもうさ》国生実《おゆみ》藩主酒井《さかい》重澄《しげずみ》の子で父改易《かいえき》後飛驒《ひだ》国に蟄居《ちっきょ》していた酒井重知《しげとも》の家臣落合源蔵《おちあいげんぞう》の妻であった。

これらのうち、系図6に揚げた原茂左衛門と子の幸右衛門のネットワークは興味深い。茂左衛門は、前述したように江戸で旗本松平乗真に仕官していたが、一六六三〜六四(寛文三〜四)年ごろに牢人し、下伊那に戻り、飯田近郊の山村に居住していた。子の原幸右衛門は、江戸で長く仕官していたが、ちょっとしたことが原因で解雇され牢人した。下伊那に戻った幸右衛門は、遠山《とおやま》の木沢《きざわ》村(一一〇ページ地図参照)で十左衛門《じゅうざえもん》という人物のもとに身をよせていた。

この十左衛門の父は、江戸で阿波《あわ》国徳島城主松平家に書役《かきやく》としてつとめていたが、喧嘩をして牢人し、その後、山師元締に頼まれて遠山で材木の世話をしながら、木沢村に住み着いたという。子の十左衛門は、陸奥《むつ》国会津《あいづ》城主に仕える親戚から馬乗をならい、播磨《はりま》国の大名一柳《ひとつやなぎ》家に仕えたが、やはり牢人して遠山に帰り、その後ふたたび飯田藩主脇坂氏に仕えていた。十左衛門はちょうど江戸から戻ってきた原茂左衛門が、馬乗の上手な「武士」であると聞きつけ、親子の縁を結び、石井姓を改め原氏となるほど傾倒したという。その後、十左衛門が仕えた脇坂氏は播磨国龍野《たつの》に国替《くにが》えとなったため、十左衛門は暇をとり

●系図6　浪合の原家系図（丸数字は代数、□は浪合原家の歴代当主）

- ① **波合備前守胤成**　天正三年五月十五日　堯翁院殿前備州英武宗心居士
  - ② 万五郎　天正十年没
    - ③ 原与市右衛門　鳳来寺岩本院（五～一六歳）　松平丹波守仕（二一五歳）　小松原にて牢人・没　承応元年一月十五日　悟心常頓禅定門
      - ④ **原杢左衛門（清胤）**　大圓僧覚庵主　寛文十年七月一日　権九郎（正保三～明暦元）　杢左衛門（明暦三～）　小松原より浪合へ移住
        ＝妻　宝永元年八月十七日　然属妙廓
        - 男　延宝五年十月二十一日　圓相浄頓禅定門
        - ⑤ **原杢左衛門（宗胤）**　元禄十年七月十八日　源到常本庵主　弥四郎
          ＝妻　元禄十六年正月十九日　春屋妙初
        - 女　天和二年十一月四日　明泉院殿貞雪信女　（落合源蔵妻）
        - 波合与市右衛門　貞享元年三月一日　春応道貴禅定門
        - ⑦ **浪合左源太信胤（求馬）**　元文三年六月五日　恵屋宗戒庵主　江戸桜井氏に養子
          ＝妻　下条大平村佐々木氏娘　正徳三年十二月二十四日　祖心玄法大姉
      - 原兵左衛門　小松原住
        - 政右衛門
        - 女　今田村二木善内妻
      - 原八右衛門　小松原にて百姓
      - 原茂左衛門　松平左近仕・牢人　のち飯田山村住
        - 原幸右衛門　江戸・牢人後木沢十左衛門方等住
      - 女　脇坂安政勘定役桑良又市妻寛文十年牢人
    - 女　松平越中守家来　城田弥兵衛妻

おせき

⑥原源右衛門（杢左衛門）
元禄十一年八月養子・杢左衛門跡式相続
元禄十三年五月杢之助に杢左衛門跡式譲り下条へ夫婦にて引越し

杢之助（胤賢）
二十五、六歳にて左源太跡式の予定

おなつ
寛保二年正月
禅翁柳枝禅定尼

⑨原杢左衛門胤賢（杢之助・権九郎）
寛延三年二月六日
久岩義昌居士
中年にて浪人、江戸罷出離縁

妻
下条小松原より来る
離縁後親里へ戻る

⑧波合左源太胤次（権五郎）
元文四年十二月二十四日
天室常寒居士

妻
下条吉岡村塩沢太郎右衛門娘
明和三年九月二十二日
菊底了香大姉
信次没後再縁

⑩波合佐源太胤隆
文化六年五月二十九日
聖各安盛居士一日

先妻
当所近藤伝九郎娘
宝暦八年二月二十一日

妻
文化十年十一月二日
聖室妙盛大姉

良八
安永五年二月十四日
教運無外庵主

⑪左源太胤久
天保十年十一月二十七日
豊柳末随居士位　行年七四歳
流東下村松嶋氏二男

妻
阿嶋家中虎岩半之丞娘

⑫左元太胤布
文久二年八月十七日
寿松院透岳祐雲居士
行年六二歳

後妻
阿嶋家中虎岩春慶娘
俗名薫
行年三九歳
聯室祐芳大姉
弘化二年三月二十三日

⑬千葉繁彦胤凭
明治八年八月十一日
神霊（明治二年神葬祭となる）
享年四六歳

妻
享年七四歳
波合村増田平八妹
千葉ゑつ子神霊
明治四十二年三月三十一日

女
文久三年九月十五日
恵然禅童女

男
慶応二年二月十三日
土麟禅童子

女
慶応二年八月二十九日
槌山貞林童女　行年一三歳

女
明治三年五月二日
浪合淳女之神霊　行年一〇歳

男
明治三年五月十七日
浪合唯七神霊

⑭千葉孝六大人
明治三十九年六月二十四日
十葉孝六大人神霊　享年五一歳
波合村後藤平吉弟

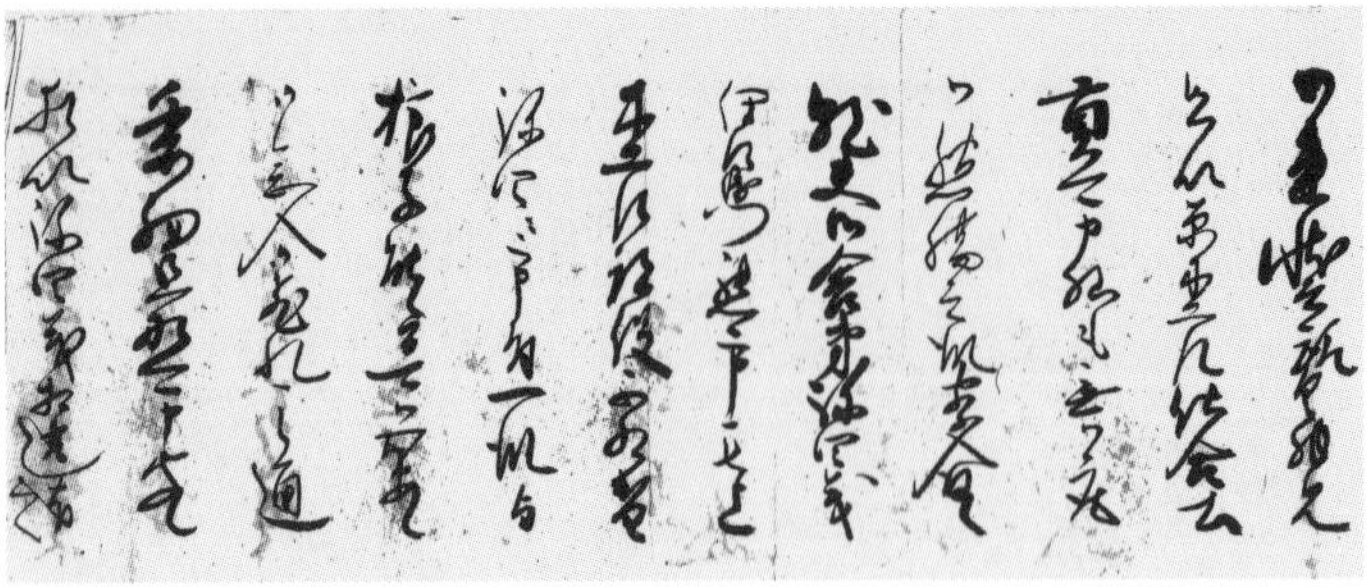

●——知久氏家来の書状（千葉家文書）

遠山の木沢村に帰住したのである。

　この原茂左衛門と幸右衛門、木沢十左衛門父子の履歴をみても、十七世紀後期には、武家に仕えた者が牢人して帰国する、あるいは地元で大名家に仕官するなど、武士と牢人、そして百姓のあいだを行き来する、たいへん流動的な姿を窺い知ることができるのである。

危機に直面する家

　系図6をみて気づくもう一つの点は、在所に根をおろした原家にも、家を継承していくのに困難な時期があったことである。

　原家代々当主の通名《とおりな》をみると、「杢左衛門」と「左源太」の二つがある。「左源太」を名乗っているのは七代信胤、八代胤次、そして十代から十二代の当主である。このうち、七代・八代は、いずれも嫡男ではなく、嫡男は「杢左衛門」であった。本来の原則からはずれて、次三男以下の男子が継いでいることがわかる。

　このうち初代佐源太である七代信胤の時期は、浪合の原家にとって家存続の

危機の時代であった。まず、権九郎(清胤)が一六七〇(寛文十)年になくなり、長男も、七七(延宝五)年になくなっているように病弱であったとみられる。そのため、浪合を支配する旗本知久の家来からも「御舎弟弥四義、伊左衛門懇に申すべし、其上杢左跡役、あい替わらず弥四に申し付くべし」と、書状が送られている。すなわち、知久氏も、原家の跡取りを、兵右衛門の弟弥四郎《やしろう》(宗胤)とし、杢左衛門の跡役として関所役人に任じることを勧めたのである。

ところが、この宗胤も中年でなくなり、跡継問題がふたたび起こった。宗胤嫡子杢之助《もくのすけ》はいまだ幼く、「杢左衛門跡式立ちがた」い状況であった。そこで、「一門・村中相談」した結果、下条の原源右衛門《げんえもん》と長女おせきを縁組させて、杢左衛門の跡式をすべて譲り渡すことになったのである。この原源右衛門は、さきにふれた下条吉岡村の原長右衛門《ちょうえもん》の子孫とみられる。他方、嫡子の杢之助は、源右衛門の弟とし、二十五、六歳に成長したら、金一〇両の持参金をつけて、左源太(信胤・求馬)の養子とすること、妹のおなつは、源右衛門の意志で縁づかせることが取り決められた。なお、杢左衛門の所持していた田畑は高六斗三升八合と少ない。山間部にある浪合村が田畑を生活の基盤としていないか

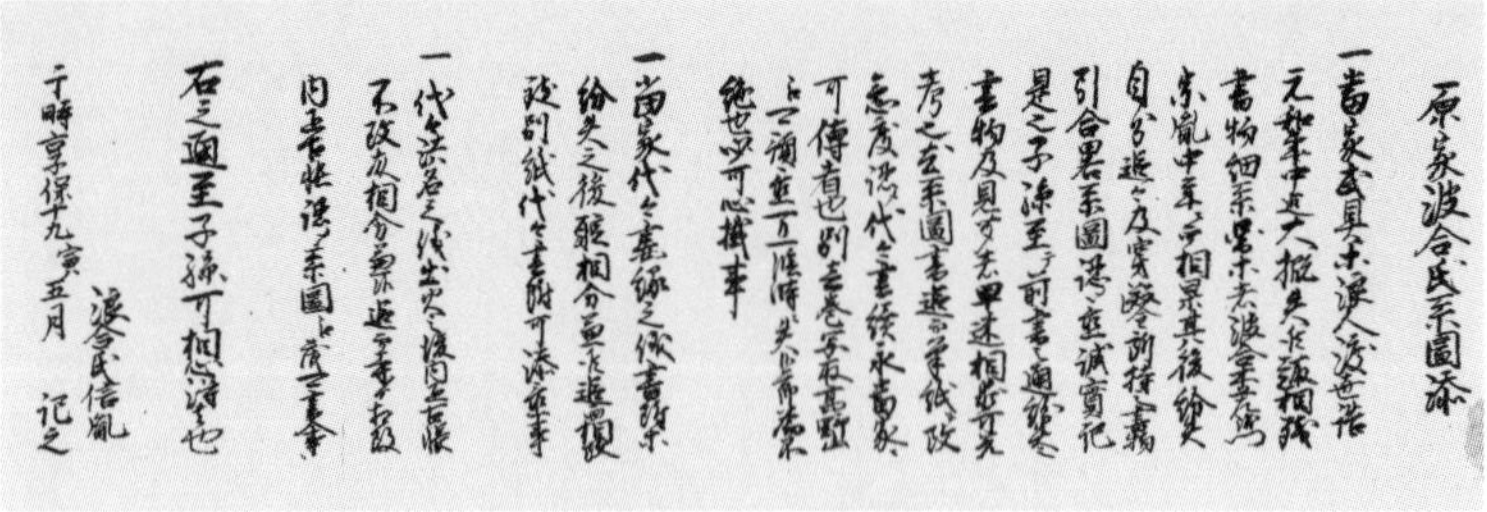

●──「原家波合氏系図添」(千葉家文書)

らである。しかし、当時、原家は豊かであったとはみられず、源右衛門の持参した敷金一〇両で、杢左衛門が残した借金を返済することも取り決められている。

さて源右衛門は、婚姻してから二年もたたない一七〇〇(元禄十三)年五月に、どのような事情があったのか、この契約をすべて破棄し、杢之助に四代清胤の跡式すべてを譲り渡すとの一札を入れて、夫婦で下条に引っ越してしまったのである。

そこで、源右衛門が放棄した杢左衛門の跡式は、結局、五代宗胤の弟左源太信胤(求馬)が継ぐことになる。信胤は、八ページで述べたように、江戸で桜井《さくらい》家の養子となり、武家の生活を送ったのち浪合に帰国し、当時別家を立て、波合左源太を名乗っていた。ところが、浪合の原家の危機に直面し、結局本家である杢左衛門の跡式を相続することになったのである。

信胤は、いったんは家の相続から自由な身で、桜井氏という武家に養子にいった経験のある者である。晩年の六六歳になった一七三四(享保十九)年五月に、信胤は波合家の系図をつくり、これまで頻繁に引用してきた「浪合原氏代々之覚」を著わしたのである。これらの執筆を思い立った理由と子孫への思いが、「原家波合氏系図添」に記されている。

(1)浪合の原家は、浪人生活で食い詰め、元和年中までに武具などを大方失ってしまった。これは、信胤の祖父の与市右衛門の牢人生活のことをいっている。さらに、残された文書や細かい系図も、兄の宗胤が中年でなくなったため、しだいに失われてしまった。そこで、今回、信胤が所持していた書物と引きあわせて略系図を認《したた》め、これを正しい「実記」とするという。

(2)今後、子孫が紛失した書物を発見したときには、すぐにそれを入手し、考証をせよ、ここで信胤が記した系図は紙が悪いので、のちに筆紙を改めて清書し、そのあとを代々書き継いでいき、ながく伝えよ、さらに、もう一巻写しをつくり、高野山《こうやさん》▲(和歌山県伊都《いと》郡高野《こうや》町)にあずけ、万一のことで紛失しないよう心がけよ、という。

(3)代々の姻戚関係については、信胤では調べがつかなかったため、追って別紙として書付《かきつけ》をそえるように、また代々の法名は不明であるため、旦那寺《だんなでら》から過去帳を写しとり、内《うち》過去帳(家で保管する過去帳)を認め、法名を系図に書き込

▼**高野山**　高野山真言宗の総本山。八一六(弘仁《こうにん》七)年空海《くうかい》が真言の道場を建立。貴族の信仰を集めた荘園《しょうえん》の寄進や納経などが盛んに行われ、中世以後は武士の信仰も集め広大な寺領を保有した。

むように、という。

以上のように、信胤は千葉家の系譜を改め、系図を書き記したのである。このとき書かれた系図は、信胤のいうように品質の悪い紙であったらしく、一七九三(寛政五)年二月に八代当主左源太となった胤隆によって書き改められた。それが、今日千葉家系図として伝わっているものである。これをみると、前述のように、肝心の備前守胤成の前後の系譜の比定がむずかしく、信胤の考証も「実記」といえるかむずかしいところがある。しかし、家の継承が危ぶまれるとき、家の系譜を明らかにし、子孫に伝えたいという意識が、こうした系図や家譜を記す動機となっていたのである。

③—兵と農の分離

兵と農の選択

浪合《なみあい》より南東の天龍川《てんりゅうがわ》河岸段丘上に位置する坂部《さかんべ》村（二〇ページ地図参照）の熊谷《くまがい》家は、武士として功名《こうみょう》をあげるより、従軍を拒否し、みずからの開発地と家を守り続けた家である。熊谷家には、十二代目当主直遐《なおはる》が一七六八（明和《めいわ》五）年に完成させた『熊谷家伝記《かでんき》』▲という家伝記がある。これによると、熊谷家は十四世紀半ばに三河国《みかわのくに》から移り住み、坂部村を本拠地として、周囲を開発して勢力を拡大していった。こうした開発領主が下伊那《しもいな》地域には各地にみられ、これを『熊谷家伝記』では「郷主《ごうしゅ》」と呼んでいる。

さて、熊谷家の始祖といわれる貞直《さだなお》は、十四世紀半ばに坂部にはいった。東に流水（天龍川）、南に沢田（田に開発しうる土地のある小沢）、北に小川を隔てて高山（風越山《ふうえつざん》）、西に向方《むかがた》をとおって伊那街道と、日当りがよい要害の地であり、四方申し分のない城郭山であると評される地をみいだし、従者とともに開発、定住したのである。その後、みずからの開発した地域（「分内《ぶんない》」と呼ばれる）に対

▼『熊谷家伝記』　信濃国伊那郡坂部村熊谷家の伝記。十四世紀半ばに三河国から移り住んだという貞直を始祖とし、十二代目直遐までの当主が記録した当座日記をもとに、改書され完成したという。宮下《みやした》家に伝来した八巻と、佐藤家に伝来した二巻が現存するが、一七六八（明和五）年に完成した宮下家本がもととなり、佐藤家本六巻が七一（同八）年までに改書されたとみられる。本伝記の史料的性格については、吉田［二〇〇七］参照。

●―『熊谷家伝記』(宮下家文書)

する領域観念をもち、「分内」の住民を支配することになる。熊谷家のような郷主が、たがいに領域を主張しあい、さらにあらたな侵入者に抗するため、同族または同郷により郷主連合を形成して領域的な支配を安定させようとするのである。しかし、こうした状態は安定せず、武家の名門を淵源にもつ、より上級の「太守《たいしゅ》」があらわれ、それへの被官《ひかん》化が進行することになる。

この地域では、新野《にいの》と大村《おおむら》に定住した村松正氏《むらまつただうじ》にかつがれた紀州《きしゅう》出身の関《せき》氏が「太守」として擁立され、周辺の郷主らを臣従させながら勢力を拡大していった。浪合の千葉家からは、関国盛《くにもり》の妻としてお万《まん》が嫁いでおり、関氏滅亡時に浪合に逃れる途中、子の長五郎《ちょうごろう》とともに殺害されたと言い伝えられている。さらに、関氏を滅ぼした下条氏が郷主らを臣従させ、「太守」となるのである。しかし、武田《たけだ》氏の侵攻を受け、下条氏とともに地域の郷主らも武田氏に臣従した。熊谷家も武田氏に人質をだして忠誠を誓ったものの、遠国《おんごく》までも出陣し軍《ぐん》役《やく》をつとめることをきらったため、坂部分四五貫のうち二二貫五〇〇文と、福《ふく》島《しま》にあった五貫文を召し上げられ、かわりに遠征を免除された。その他の旧関領「古領拾四ケ村」でも、郷主の戦功により召上げ率は一割から八割とまちまちであったものの、多くの郷主が遠征を拒否したのである。

このように、熊谷家は在所《ざいしょ》を離れずに分内と家を守った。すなわち、「兵」ではなく「農」の道を選び、削られたとはいえみずからの分内に対する支配権は保持したのである。この点、浪合の千葉家とは道を分かつことになった。また、熊谷家の一族のあいだでも、「兵」として武田家に仕え、遠征する家もあった。平谷《ひらや》を在所とする熊谷弥次郎直武《やじろうなおたけ》の家は、武田氏に信虎《のぶとら》の代から仕える武士の家系で、坂部の熊谷家四代直勝《なおかつ》の弟直嶺と五代直光の義弟直康が、平谷の熊谷家の名跡を継いでいる。とくに、直康は本来家督《かとく》を継ぐべきところ、「武家を稼《かせ》」ぎたく、との願いにより家督を辞し武田信虎に奉公《ほうこう》し、のち主命により伯父の直嶺の跡を継いだという。さらに、直康の子次郎吉《じろきち》も武田信玄《しんげん》に奉公し、信玄の忠臣として働いたものの、信玄没後の一五七四（天正《てんしょう》二）年六月、晴信《はるのぶ》の「強将御一遍」さを諫言《かんげん》したものの受け入れられず、失望して剃髪《ていはつ》し蓮心と名乗り、三河国粟世《あわよ》の従弟熊谷黒五郎直清のもとに蟄居《ちっきょ》した。この蓮心は、一五九三（文禄《ぶんろく》二）年に飯田《いいだ》城主京極高知《きょうごくたかとも》から、還俗《げんぞく》して平谷に戻るように命じられ、翌年には居屋敷《いやしき》と三人の家来の屋敷年貢《ねんぐ》を赦免されている（『信濃史料』一八

▼太閤検地　豊臣秀吉が、征服地に対して行った検地。原則として、六尺三寸四方を一歩、三〇〇歩を一反とし、田畑を上《じょう》・中《ちゅう》・下《げ》・下々《げげ》の等級に分け、石盛《こくもり》を設けて、土地を石高で表記した。枡《ます》も京枡《きょうます》に統一した。

巻)。

太閤検地と兵農分離

ところが、熊谷家のような「農」にとっても、大きな打撃となる変革が、豊臣《とよとみ》秀吉《ひでよし》によって行われた。太閤検地《たいこうけんち》▲は、すべての土地を公儀《こうぎ》のものとし、熊谷家が留保していた分内の山や田畑に対する所有権を否定し、公儀に直接年貢をおさめる者を百姓身分に位置づけたのである。

下伊那地域は、一五八二(天正十)年二月の織田信長《おだのぶなが》・信忠《のぶただ》による侵攻後、しばらく織田家の支配を受けたが、同年六月の本能寺《ほんのうじ》の変《へん》後、八月には徳川家康《とくがわいえやす》領となった。さらに、一五九〇(天正十八)年八月、徳川家康の関東移封により、かわって豊臣配下の毛利秀頼《もうりひでより》が入封し下伊那を統治することになる。この毛利統治下で一五九一(天正十九)年に実施された検地が、太閤検地である。伊那地域の太閤検地により確定された村高は、天正十九年九月「信州《しんしゅう》伊奈郡青表紙御検地帳写《うつし》」あるいは同「信州伊奈青表紙之縄帳《なわちょう》」により知ることができる。熊谷家が支配していた坂部村は、本畑二町九反三畝一歩、高四五石《こく》二斗三升一合と定まった。

この太閤検地が、坂部村と熊谷家にもたらした歴史的な変化は、つぎのように述べられている。「当郷開基《かいき》熊谷丹甲《たんこう》以来、当主迄七代のあいだ所持しきたる分内四拾五貫目、此度召し上げられ、其上に十二人を直納《じきのう》仰せ付けられ候」。つまり、熊谷家が開発し、七代にわたって所持してきた「分内」四五貫文が召し上げられ、一二人が「直納」にされたという。これが意味することは、次の二点である。第一に、熊谷家が所有してきた坂部村が公儀のものとして召し上げられたため、熊谷家が公儀に年貢や諸役を支払うようになったこと。第二に、これまで熊谷家が支配してきた家来のうち、一二人が、公儀に直接年貢・諸役をおさめる「百姓」身分となったことである。こうした土地所有にかかわる大きな変革を、熊谷家は「上意国法」であり「当村ばかりの義にてござなく候」として納得しようとしている。しかし、誰を「百姓」身分として「直納」させるかは、「上意国法」とは認識されていない。むしろ、検地奉行《ぶぎょう》自身の言葉として、「幸《さち》千《ち》代《よ》（熊谷家当主―筆者注）壱人にて四拾五貫目を納るも、拾弐人の者どもより納るも、納る処は相替る事なし。公儀損得なければ、内々の儀はいかようとも双方

▼太閤検地論争　一九五三・五四年に発表された安良城盛昭「太閤検地の歴史的前提」「太閤検地の歴史的意義」を契機に起こされた論争。中世から近世への移行のなかで、太閤検地を画期とみるか、連続的にとらえるかをめぐって、現在も議論が続いている。

（違）意乱の事さへこれ無きにおひては、公儀表は相済む事なれば、内所《ないしょ》の儀定《ぎじょう》肝要也」と語ったと記述しているように、公儀としては、問題が生じないかぎり坂部村の年貢がとれればよいのであって、誰が年貢をおさめるかは、「内々」に処理することが肝要と考えられていたことがわかる。

第一の土地所有権について、かつて安良城盛昭は、太閤検地の政策基調＝原則は、重層した土地の得分《とくぶん》収取権（「職《しき》」）を一元化し、直接耕作者を直納の百姓とする＝「小農」として自立させることに政策基調があったとし、太閤検地を古代奴隷制《どれいせい》社会から近世封建制《ほうけんせい》の時代へと転換させる変革的な政策とした。この見解をめぐって、太閤検地論争▲が展開され、安良城の見解に修正が加えられた点もある。しかし、これまでみてきた下伊那地域の戦国時代から近世社会への移行をみても、土地制度上、太閤検地が大きな画期となっていることは否定できない。

安良城が指摘した近江《おうみ》国箕浦《みのうら》村（現、滋賀県米原市箕浦）井戸《いど》村与六《よろく》の事例は、太閤検地施行前後にそれまで有していた土地に対する得分権を守るために、内々で処理しようとした事例としてよく知られている。井戸村与六は、作人《さくにん》にあたえていた「作職《さくしき》」▲を書き上げさせ、もし検地が実施されて検地帳に作人の名が記されても、作職は与六の随意によりいつでも取り上げることができることを確認している。

これに対して、下伊那地域の下条領千木《ちぎ》村では、太閤検地ではないが一六五三(承応《じょうおう》二)年の検地で、旧郷主家の当主が不在の時期であったため、作人らが郷主家の土地をすべて勝手に名請《なうけ》▲してしまった(二〇ページ地図参照)。そこで、郷主が代官所《だいかんしょ》に訴え、郷主を名請人とする検地帳を内々に作成して代官所で保管してもらったという。検地帳に名請されるということは、公式には土地所持権の根源となる重要な事柄であったことをよく示している。しかし、現実には戦国時代に有していた得分を保持するために、内々の処置をしていたのである。

第二の公儀に直納する百姓身分の決め方についても、太閤検地論争のなかで議論された点である。安良城は、検地帳名請人を直納の百姓(本《ほん》百姓)▲であるとしたが、むしろ検地のあと作成される名寄帳《なよせちょう》▲登録人が直納の「百姓」ということができる。ただし、「百姓」身分とは、年貢を直納することだけが条件ではない。逆に土地を所持している者は、すべて名寄帳登録人となるのである。しか

▼**作職**　直接耕作者がもっていた職《しき》。土地を耕作する権利。同時に年貢の納入義務をおった。

▼**名請**　検地帳に名前が登録されること。原則としてその土地の耕作者を記載する。

▼**本百姓**　検地帳に登録された名請地を有し、所持地にかかる年貢・諸役を負担する義務をおう者。高持《たかもち》百姓。村の構成員。

▼**名寄帳**　検地帳に登録された耕地を、名請人ごとに集めて記載した帳面。年貢の納入台帳として使われた。

し、現実には土地を耕作していても、名寄帳に記載されない者もいた。それが、ここで問題にされている作人である。

熊谷家の場合は、前述したように熊谷家以外に一二人を直納の百姓とした。この一二人は、熊谷家の家来《けらい》であったが、依然として家来の位置にとどめられた者も六軒あった。百姓となった家来は、それまで熊谷家が家来に代々あずけ耕作させてきた土地と、家来の先祖が銘々に切り開いた土地とを名請し、この高にかかる年貢と諸役を公儀に直納することになったのである。ただし、それまで家来が熊谷家におさめていた得分は、「切手形代《きりてがただい》」という名目で、坂部村に居住するかぎり熊谷家におさめることが定められたのである。この「切手形代」は、寛永《かんえい》年間(一六二四〜四四)に百姓が二五軒に増加した時点でも、一軒当り大豆高として一斗二合ずつ熊谷家におさめられ続けている。

家来・被官・譜代下人

依然として熊谷家の家来の地位にとどめられた者は、「被官」と呼ばれた。被官六軒は、主家に対する役をおうが、一切の村役が免除された。しかし、坂部村の野山稼ぎは本百姓並に行うことが認められ、百姓一二人も「御被官中」に差しさわりのあることをしない旨の誓約書を熊谷家に提出することになった。これをみると、「被官」にとどめられた者は、百姓となった家来より序列が劣る家臣なのではなく、むしろ主家が積極的に家臣として残した家であると解釈できる。実際、被官とされた舟本《ふなもと》家（日向《ひなた》）と大角《おおすみ》家（大田尾）は、一三五二（文和《ぶんな》元）年に熊谷貞直が坂部に入植した当初からの譜代《ふだい》の家臣二家であり、太閤検地当時幼少だった当主幸千代にかわって熊谷家を差配したのは、舟本孫右衛門《まごえもん》であった。

こうした被官が、忠臣として主家の維持・運営にかかわっていた事例は、和泉《いずみ》国上神谷《にわだに》豊田《とよた》村（現、大阪府堺《さかい》市）小谷《こたに》家の場合にもみられる。小谷家は、十六世紀後期に上神谷（近世に一三カ村からなる）で「谷ノ年寄衆《としよりしゅう》」と呼ばれた家々の一つで、惣村《そうそん》＝上神谷の運営にあたっていた。これらの家々は、太閤検地から十七世紀初頭に分出されていった村ごとに庄屋《しょうや》をつとめており、持高も一五九四（文禄三）年時点で二〇石から八〇石余、「被官」（譜代下人《げにん》）をかかえるような大きな経営家である。そのなかで小谷家は、とりわけ持高も大きく八八石余で、被官も一六〇四(慶長《けいちょう》九)年時点で一二軒かかえている。それは、小谷家が天正期に秀吉配下の加藤清正《きよまさ》のもとで谷の山《やま》年貢徴収を請け負う「山の庄屋」に任命され、その後急速に土地を集積したためである。

小谷家の持高は、一六四一(寛永十八)年時点で一四二石余に達したが、このころ弟を分家(屋号「新屋《しんや》」)として輩出したため、本家の持高は七五石余、被官六人となった。しかし、一六六八(寛文《かんぶん》八)年に当主の政信《まさのぶ》がなくなったあと、嫡子の政喜《まさよし》も二年後の七〇(同十)年に早世し、政喜の弟政勝《まさかつ》が家を継いだ。しかし、政勝も早世したため、腹違いの弟である政智《まさとも》が当主となった。しかし、このころの小谷家は多額の借金をかかえていたとみられ、その借金の返済をめぐって分家とのあいだで争論となっている。

このような当主の早世が続いた苦難の時期に、小谷家を支えていたのは、政信の妻(寿清)と、一族(一門衆《いちもんしゅう》)、そして「家来」(被官・譜代下人)であったのである。とくに注目すべきは、小谷家の譜代下人次兵衛《じへえ》が、一六八四(貞享《じょうきょう》元)年から八六(同三)年まで、若年の当主小谷政智にかわって、小谷家の財政を管理していたことである。しかし、小谷家の財政逼迫の責任を「一門衆」から追及され、身の潔白をはらすために代官所に訴え出たのである。この訴状と、のちに次兵衛が暇願いをするために記した自筆の文書は、主家と家来との関係をなまなましく伝える史料としてたいへん興味深い。

この訴状を読むと、「旦那一門《だんな》」のことを訴えるのは「礼儀」をかえりみないことであるとしながらも、政智の親類衆(一門衆)が私欲を構え、小谷家の財政逼迫の濡れ衣を自分に着せようとしていると訴えており、身の潔白をはらしたいとする次兵衛の決意がわかる。次兵衛が私欲を構えているとする「一門」とは、新屋の吉太夫《きちだゆう》のことである。吉太夫は、次兵衛に銀子《ぎんす》七〇〇貫目を渡していたと主張しているが、これはみずからが小谷家から返済を求められている借銀を、吉太夫になすりつけようとしているものだという。次兵衛の主張では、借銀が生じたのは不時入用が原因である。それにもかかわらず、「一門衆」は吉太夫の横領をでっち上げ、自分を追い出し、旦那が若輩であることをいいことに、小谷家を思いのままにしようと企んでいると訴えている。次兵衛は、主人が「一門衆」に惑わされず、自分を信じてほしい、自分が行ってきた勘定《かんじょう》について耳を傾けてほしいと、代官所の役人から主人を説得することを求めているのである。次兵衛は、古くからの番頭《ばんとう》のように家を守ってきた自分を、「一門衆」がうとましく思っているとも述べている。次兵衛の訴状からは、なんとか若輩の主人を目覚めさせ、家の危機を乗り切ろうとする家来の必死の訴えが伝わってくるのである。

新屋の思惑は阻止されたとみられるが、次兵衛は七年後の一六九三(元禄《げんろく》六)年に、主人の政智に宛てて、暇願いをだしている。まず注目すべきは、次兵衛が自分自身を「普代相伝《ふだいそうでん》の下人」と呼んでいることである。代々小谷家に仕え、家の財政管理までしていた家来も、江戸時代の身分では、「譜代下人」であった。また、次兵衛は暇をとる理由として、「御家の御用」に立ち、「御奉公」をつとめることがかなわないことをあげているように、主家に仕えるということは、「御家の御用」に立ち、「御奉公」をつとめることであった。その反対給付として、主家からあたえられていたのが、「御田地」であった。この関係は、武士が「奉公」(軍役)をつとめ、「御恩《ごおん》」(知行《ちぎょう》)をあたえられることに対応した関係である。ただ、武士の場合は、宛行《あてが》われた知行地からあがる収益を原則として作取りにすることができるが、百姓身分の主家と家来との関係では、宛行われた田地の収益は、「御宛米《おあてまい》」として主家に上納しなければならない。それは、主家も公儀に年貢と諸役を上納しなければならなかったためである。ここに、武士と百姓の土地所有に決定的な違いが存在したのである。

それでは、戦国時代であれば、次兵衛の先祖は小谷家に対して、どのような「御奉公」をしていたのであろうか。それを推測するために、ふたたび下伊那に戻り、主家と被官の歴史について、熊谷家以外の事例を含めてもう少し検討しておきたい。

●—表2　1670(寛文10)年の千木村家族構成

筆頭人		女房	倅	娘	親	母	うば	弟	おば	下男	下女	門			
												筆頭人	女房	倅	娘
助兵衛		1	1	4	—	—	—	—	2	3	3	才次郎	1	1	1
												助四郎	1	1	—
地下	惣左衛門	1	2	1	—	1	—	—	—	2	—	—	—	—	—
地下	弥右衛門	1	—	1	—	—	—	—	—	—	—	—	—	—	—
地下	市平	1	1	—	—	—	—	—	—	—	—	—	—	—	—
地下	仁兵衛	1	—	—	1	—	1	1	—	—	—	—	—	—	—

［出典］　寛文10年3月「宗旨改之帳」(『長野県史』近世史料編　第4巻(2)1142号)より作成。

④—主家と被官・門

主家への「働き」

下伊那《しもいな》の下条《しもじょう》領千木《ちぎ》村は、太閤検地《たいこうけんち》の村高四〇石九斗五合三勺で、寛文《かんぶん》十(一六七〇)年「宗旨《しゅうし》改《あらため》之帳《のちょう》」によると、百姓身分は助兵衛《すけべえ》だけで、他は「地下《じげ》」が四軒存在するのみである。

表2は、寛文十年の「宗旨改之帳」から、家族構成を示したものである。このうち、助兵衛家は、当主と女房に、男子一人・女子四人・おば二人の血縁家族と、下男《げなん》三人・下女《げじょ》三人、そして「門《かど》」と呼ばれている才次郎《さいじろう》家族と助四郎《すけしろう》家族の合計二〇人からなっている。この二軒の「門」は、それぞれ夫婦と子どもからなる家族をなしており、下人《げにん》のなかでも家族を構成することができる者といえるが、助兵衛家から独立した単独世帯とは認められていない。通常、「被官《ひかん》」や「譜代《ふだい》下人」という場合、この「門」に相当するものである。

これに対して千木でいう「地下」とは、「地下之被官」と呼ばれているように、百姓身分ではないが、公儀《こうぎ》に対しては一戸の単独世帯と数えられるものである。

しかし、他村でいう「被官」とも異なっている。むしろ、千木村では、「門」と呼ばれた者が「被官」に相当するといえる。

寛文九（一六六九）年九月の「千木村地下之被官釣り之次第」によると、門のなかから「地下」に取り立てた理由は、次のように説明されている。「（地下—筆者注）四軒の役人と申すは、慶長《けいちょう》元（一五九六）年の頃也、京極修理太夫《きょうごくしゅりだゆう》様御代に、御役義《おやくぎ》重く賄い兼ね申すにつき、申付け候事」と説明されており、千木村が京極高知《たかとも》▲の支配を受けていた一五九六年ごろに、「御役儀」が過重であったために、四軒を「御役儀」を負担する「役人」、すなわち「地下」としたというのである。「地下」は公儀に対しては、「役人」であることから、「百姓」身分と同質の存在といえる。ただし、助兵衛家に対し「働き」をつとめなければならない点で、一般的に考えられている本百姓とは異なっている。しかし、これはさきに紹介した坂部《さかんべ》村の百姓が熊谷《くまがい》家に「切手形代《きりてがただい》」をおさめていたのと同じことである。

千木村の「地下」が助兵衛家に対してつとめた「働き」は、「地下」の誓約書をみると明らかになる。千木村の市平《いちべえ》は、寛文十年「宗旨改之帳」に、「地下　市平」として、女房と生まれたばかりのさるとともに記帳されている。また、「千

▼**京極高知**　豊臣秀吉に仕え、一五九一（天正十九）年、近江《おうみ》国蒲生《がもう》郡で五〇〇〇石の知行地をあたえられる。一五九三（文禄二）年十月、外舅毛利秀政《もうりひでまさ》の遺領を継ぎ、信濃《しなの》国伊那郡六万石を領し飯田城主となる。一六〇〇（慶長五）年、丹後《たんご》国一二万三二〇〇石を領し移《い》封《ふう》となる。京極高知の飯田城主時代は苛政であったといわれる。移封時に領内の文書を焼却したとも伝えられ、史料がほとんど伝存していない。

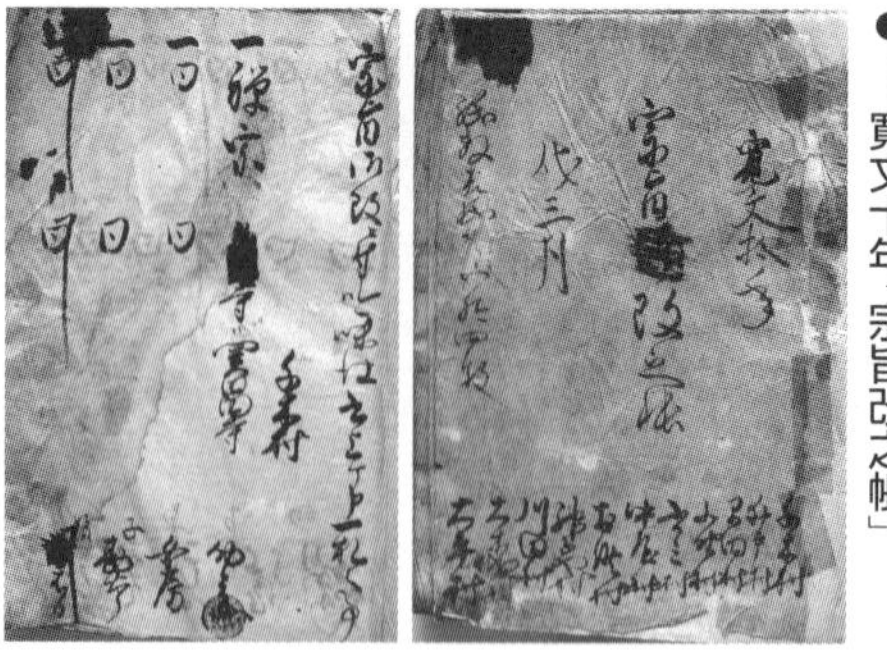

●――寛文十年「宗旨改之帳」

木村地下之被官釣り之次第」によると、親の与左衛門《よざえもん》は早稲田《わせだ》村の者で、一六六六（寛文六）年二月に田地を「永代ニ渡」し、六九年の暮れまで四年間耕作し、その後、与左衛門の子どもの新野《にいの》村市平に、一六七〇年の春から七五（延宝《えんぽう》三）年の暮れまで六年間耕作させ、七六（同四）年の暮れから助兵衛家が田地を引き取ったと記されている。たしかに、現存する年貢勘定帳《ねんぐかんじょうちょう》では、一六七三（延宝元）年から七五年までのあいだ、「地下　市兵衛」が七石六升四合の土地の年貢をおさめ、延宝四（一六七六）年度からは、その土地が助兵衛家の高に組み込まれて算用されていることを確認することができる。

さて、市平の一札は、市平が、中尾《なかお》村にでていく親与左衛門の跡地を、助兵衛から宛行《あてが》われたことに対して、一六六六年十一月二十六日付で認めたものである。金三両を支払って田地をあずかり、「地下並《なみ》」に公儀への「御役儀」と助兵衛家への「働き」を誓約している。このうち、公儀への「御役儀」は、年貢と諸役をつとめることであり、「百姓」と同じ義務である。これに加えて、「地下」は助兵衛家への「働き」を果たさなければならなかった。

その「働き」とは、⑴春田を耕すこと、⑵田植えをするときには、家の老若男女皆一人も残らず手伝いにでること、⑶稲刈りには老人と子どもを除いて成人男女はすべてでること、⑷夏畑を耕すときには、成人男性を一人ずつだすこと、⑸このほか、公儀からのお雇い人足《にんそく》や、特別な場合には手伝いにでること、⑹「何事にても地の上たる故《（上）》ハ、右の外《ほか》諸事千木先例《せんれい》違背申し上げまじく候」こと、すなわち、「地の上」である助兵衛家に、先例どおり「働き」＝労働力を提供すると述べている。

下伊那地域の「被官」制度について研究した古島敏雄は、「被官」が主家である「御家《おいえ》」に果たすべき「働き」を、「被官役儀」と呼んでいる。その具体的な内容は、個々の関係によって異なっているが、基本的な枠組みは、Ⓐ年間をとおした主家に対する労働力の提供（「日手間」）と、Ⓑ冠婚葬祭・正月などのときに、主家のために働く儀礼的なつとめ、に分けられるという。

千木村の「地下」とは、「地の上」に労働力を提供するものであり、「地の上」と「地下」との関係は、他地域の「御家」と「被官」の関係と相応している。ただ異なるのは、公儀に対しては「地下」が直納《じきのう》の「役人」▲（「百姓」）であるという点である。

このような「地下」が公儀から容認されるのは、さきに紹介した熊谷家で、太

▼直納の「役人」　本百姓。領主に対して年貢と諸役をおさめる百姓。

閤検地の検地奉行《ぶぎょう》が、「公儀損得なければ、内々は如何様共《いかようとも》双方意乱（違）の事さへこれ無きにおひては、公儀表《おもて》は相済む事なれば、内所《ないしょ》の儀定《ぎじょう》肝要也」と語ったとされていたことからも説明できる。つまり、公儀にとっては、「御役儀」が上納されればよいのであり、村で紛争が起きないかぎり問題はないのである。むしろ「内所の儀定」を勧めている。そのため、千木村で「地下」という直納の「役人」をおくことが容認されたのである。

被官の由緒

それでは、このような「地下」は、もともと「地の上」とどのような関係にあったのであろうか。ここで、一五九六（慶長元）年ごろに立てた四軒の「地下」の由《ゆい》緒《しょ》についてみていこう。

甚九郎の場合

「地下」に取り立てた甚九郎《じんくろう》は、もともと「門」で、四人の子どもがいた。このうち、甚九郎夫婦だけを「地下」とし、男子の助七郎《すけしちろう》は「台所に留め置」（下人とした）いたという。女子三人のうち、惣領《そうりょう》▲の娘ちんまは、長沼《ながぬま》村のおじの家に

▼**惣領**　家を継ぐ子ども。長子。

▼年季者　期間を区切って契約を結ぶ雇用労働者。

実子がいないとのことで養子に遣わしたが、のちに潰れて娘をつれて千木村に帰り、助四郎屋敷において、先代の助兵衛の世話になった。二番目の娘のかめつるは、同じ「地下」の与作《よさく》の女房とし、三番目の娘のてこは、行方不明となった。甚九郎がなくなったあと、「地下」の跡式《あとしき》を、倅の助七郎にまかなうよう命じたが、助七郎が断わったため、年季者▲を入れて耕作させるようになったという。

この甚九郎の例からは、「地下」の家の継承は、主家が差配していたことが知られる。また、それにもかかわらず「地下」が跡式を拒否することもあることを、この例は示している。

彦七郎の場合

彦七郎《ひこしちろう》は、慶長十九(一六一四)年ごろまでは「地下」の家として確認できるが、実子もなかったため、夫婦でふたたび下人として主家の「台所」に戻った。その後は、主家で「地下並」の「御役地」一軒分をつとめることになったという。この例からは、「地下」に取り立てられても必ずしも経営が成り立つわけではなく、結局、主家の下人に戻る場合があったことが知られる。

▼ぞうり取　草履取。主人の草履をもって供をした下位の武家奉公人。

▼若党　武士の従者のこと。江戸時代には、足軽の上位の小身《しょうしん》の従者を呼んだが、本来は主人と命運をともにする従者のうち、若者のこと。

与助の場合

与助《よすけ》は、寛文十(一六七〇)年「宗旨改之帳」にみえる「地下　弥右衛門《やえもん》」と「地下仁兵衛《じんべえ》」の先祖である。この系譜を、系図7にあらわした。与助は、初め主家の「ぞうり取▲」として仕え、その後「若党《わかとう》▲」になって甚左衛門《じんざえもん》と改名し、さらに出家して道市《どういち》と名乗った。実子がなく、遠山《とおやま》から養子をとり、与助を襲名させて跡を継がせた。その子どもは三人おり、一人の男子は一三歳でなくなり、女子二人のうち、長女のあきに浦川《うらかわ》から弥蔵《やぞう》というものを入婿に迎えて与助の跡を継がせた。妹のしもは、飯田に奉公《ほうこう》にだした。弥蔵の子どもは、弥右衛門・仁兵衛・権助《ごんすけ》の三人で、このうち、弥右衛門と仁兵衛が、表2のように一六七〇年段階で二軒の「地下」となっているのである。

表2をみると、弥右衛門家は女房と娘の三人家族で、他の年貢関係史料から五石一斗三升五合の土地を耕作していることが知られる。仁兵衛家は、女房と親弥蔵とうば、そして弟権助からなっており、五石一斗三升一合を耕作しているのである。ただし、弥右衛門と仁兵衛の代で「まかない潰した」と記されており、弥右衛門は一六七七(延宝五)年まで、仁兵衛は七五(同三)年までで姿を消

表3　承応2（1653）年の千木村検地帳

名請人		上田	中田	下田
		畝 歩	畝 歩	畝 歩
	九郎右衛門	3.15	0.00	0.00
	九郎兵衛	76.14	41.14	17.24
	作十郎	8.22	3.18	3.00
	甚六	10.17	12.14	2.26
甚六分	長蔵	10.25	0.00	0.00
	弥蔵	31.14	8.04	4.26
	与右衛門	23.97	3.05	5.15
千木分	一郎兵衛	4.22	2.04	0.00
入作	忠三郎	0.00	3.14	0.00
合計		172.16	74.13	34.01

名請人		上畑	中畑	下畑
		畝 歩	畝 歩	畝 歩
	九郎右衛門	0.00	0.00	0.00
	九郎兵衛	17.26	5.22	53.16
	作十郎	0.00	0.00	0.00
	甚六	4.06	6.02	4.06
甚六分	長蔵	0.00	0.00	0.00
	弥蔵	1.00	8.08	21.28
	与右衛門	0.00	3.02	6.00
千木分	一郎兵衛	0.00	0.00	0.00
入作	忠三郎	0.00	0.00	0.00
合計		23.02	23.04	85.20

名請人		屋敷	屋敷数	合計
		畝 歩		畝 歩
	九郎右衛門	0.00	0	3.15
	九郎兵衛	4.06	2	217.02
	作十郎	0.00	0	15.10
	甚六	0.00	0	40.11
甚六分	長蔵	0.00	0	10.25
	弥蔵	1.02	1	76.22
	与右衛門	1.26	1	45.25
千木分	一郎兵衛	0.00	0	6.26
入作	忠三郎	0.00	0	3.14
合計		7.04	4	420.00

［出典］　承応２年９月「下条之内千木村御検地帳　田方」，承応２年９月「下条之内千木村御検地帳　畑方」。

系図7　地下与助の系譜

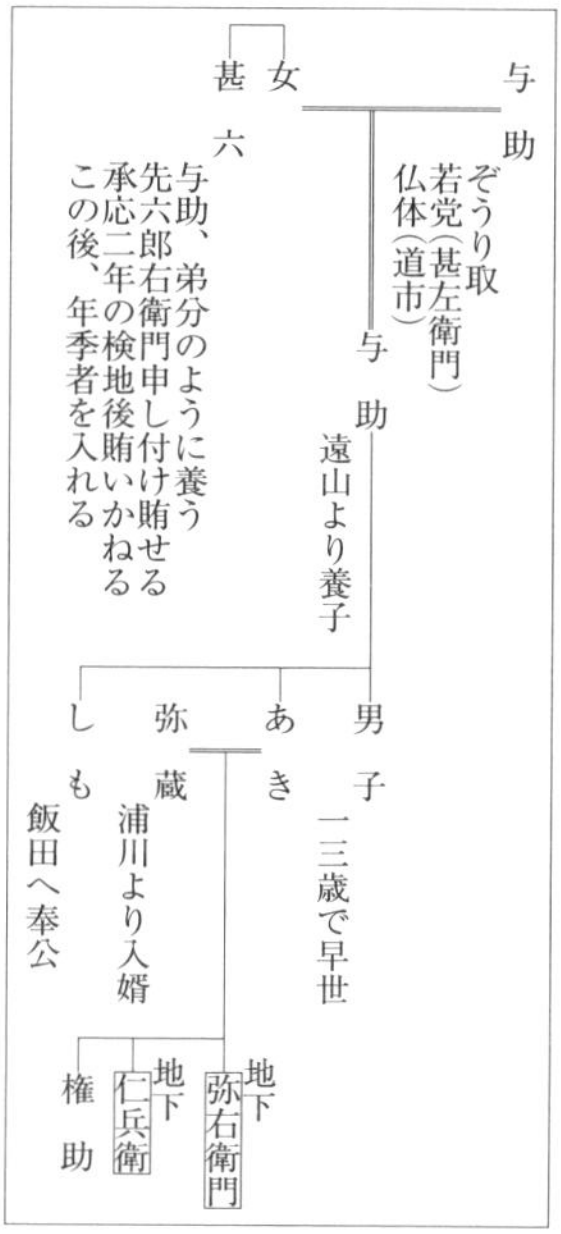

し、いずれの土地も主家に吸収されている。

以上、与助の系譜を引く二軒の「地下」の家は、戦国時代の武家と家来《けらい》の関係を如実に示している。初代与助(甚左衛門)の時代は、いまだ主家が下条家の家臣として戦陣に参加していたころである。その当時、「ぞうり取」として仕え始め、その後昇進して「若党」となった者が、主家が「農」となったあと、「地下」に取り立てられたという経緯が明らかになるのである。

なお、初代与助(甚左衛門)の女房の弟甚六《じんろく》については、別に興味深い事実が記されている。実子がなかった初代与助は、養子の二代目与助の弟分のように甚六を育てた。そのため、甚六にも主家から土地を宛行われ、与助と同格(地下並)に扱われたという。

この甚六の時代に、一六五三(承応《じょうおう》二)年の検地があったため、甚六は土地を主家に返した。その後、この土地は年季者《ねんきもの》に耕作させたという。たしかに、表3に示した承応二年の検地帳をみると、甚六の名請地《なうけち》が四反▲一一歩、「甚六分長蔵《ちょうぞう》」(甚六の名請地であるが長蔵に耕作させているとみられる土地)が一反二五歩確認される。ところで、この検地帳は、前に紹介した助兵衛家に当主が不在の

▼反　一反は一〇畝。

時期に実施されたため、「地下」たちが銘々の名で名請してしまったというものである（五九ページ参照）。たしかに、甚六の名請地がみられる一方、主家の名請地は確認できない。

「地下」から「百姓」へ――与作の場合

「地下」与作については、その跡を十九世紀まで追うことができ、「地下」という名跡が失われていく過程をみることができる。

与作の実子三人のうち、長男の長作《ちょうさく》は三〇歳の若さでなくなり、姉は鎮西野《ちんぜいの》村の次郎左衛門《じろうざえもん》家門屋《かどや》▲の与作に養子として遣わされた。妹の留主《るす》は、大森《おおもり》村の九郎右衛門《くろうえもん》という小百姓に縁づいたが、まかない潰して戻ってきたという。与作の経営はうまくいかず、公儀への年貢も未進したため、田地を主家が取り上げ、太郎作《たろうさく》という者に渡した。

太郎作とは、寛文十（一六七〇）年「宗旨改之帳」に、「地下　惣左衛門《そうざえもん》」として記載されている者である。太郎作（惣左衛門）は、一六二三（元和《げんな》九）年生まれで、父の清二郎《せいじろう》は、当時「門屋」（「門」）であったという。清二郎の存在は一六三三

▼**門屋**　被官・門。主家から土地と家屋を宛行われ、主家に労働力を提供する者。家族を形成することができる点で下人と異なる。

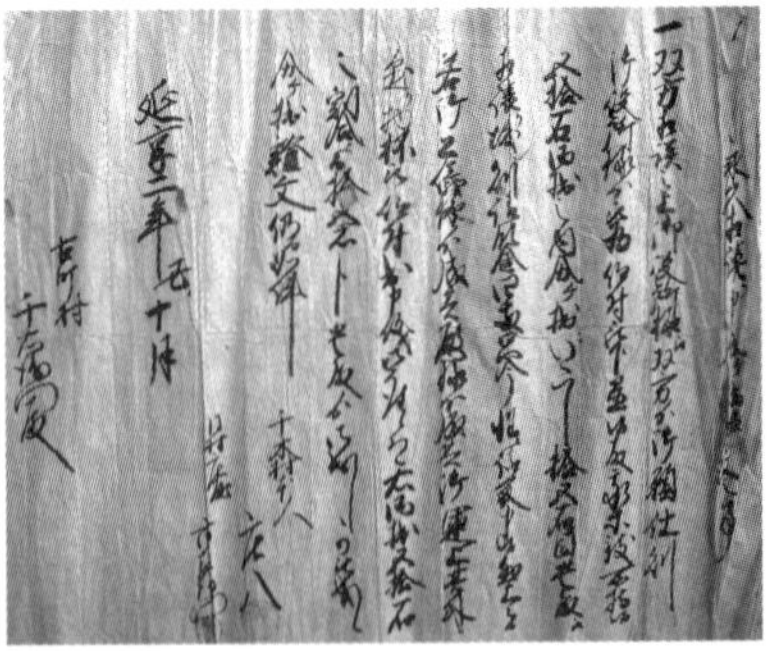
●—知久庄八郎酒造株譲渡状（延享二年十月。知久家文書）

（寛永《かんえい》十）年暮れまでは確認できるが、それ以降みられなくなるという。

他方、倅《せがれ》の惣左衛門は、一六四三（寛永二十）年春に鳥原《とりはら》村から親子六人をつれて千木村に引っ越してきた長右衛門《ちょうえもん》に、翌年春二二歳のとき遣わされた。「門屋」の子どもの進退は、主家が決めたのである。その六年後、一六四九（慶安《けいあん》二）年の春に、長右衛門と惣左衛門は、田上《たがみ》村に移住し、その後七年間田上村で暮していた。ところが、一六五六（明暦《めいれき》二）年の春、主家が惣左衛門を呼び戻して与作の跡地を宛行い、「地下」としたのである。

一六七〇年の惣左衛門家（六六ページ表2参照）は、女房と子ども三人と母親、これに加えて二人の下男をかかえており、「地下」とはいえ経営規模は大きい。田地は七石五升三合で、他の三軒の「地下」が一六七七（延宝五）年までに主家に土地を返還しているのに対して、惣左衛門家は逆に持高をふやしながら存続し続けている。さらに、一六七三（延宝元）年からは、「地下年寄　惣左衛門」と連署し、代官所《だいかんしょ》に年貢免割帳《めんわりちょう》を差しだしている。惣左衛門が、実質的に村役人をつとめていたことがわかる。その後、一六八六（貞享《じょうきょう》三）年には「地下」という肩書がとれ、名称も「組頭《くみがしら》」となっている。

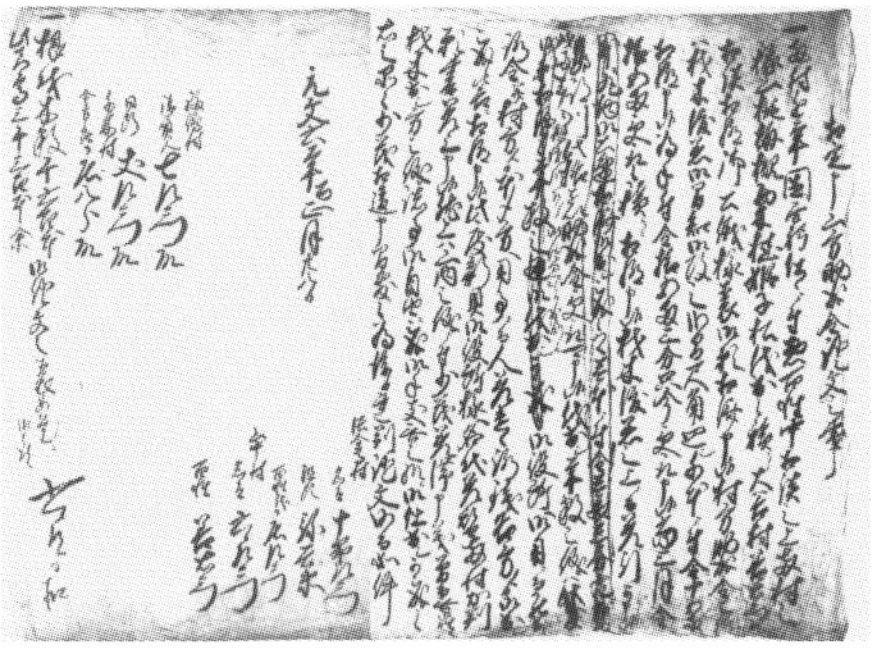

●―「金方手伝庄八郎」のみえる証文(控、中山家文書)

惣左衛門は一六七五(延宝三)年に五三歳でなくなり、跡は庄八郎《しょうはちろう》が継いだ。庄八郎も一六九九(元禄《げんろく》十二)年に五〇歳でなくなり、代替りした庄八郎が襲名している。この二代目庄八郎は、千木村にとどまらず酒造や山稼ぎにかかわって下伊那地域で広く活動し、かなりの資産を有していたことを確認できる。たとえば一七四五(延享《えんきょう》二)年十月には、千木からかなり北上した上《かみ》伊那地域に近い市田《いちだ》領古町《ふるまち》村(現、長野県下伊那郡松川《まつかわ》町)の仙右衛門《せんえもん》家に、五〇石の酒造株のうち一五石分を金四両で譲り渡しており、このころには酒造を行っていたことがわかる。また、天龍川《てんりゅうがわ》東岸の南山《みなみやま》領山中《やまなか》村と法全寺《ほうぜんじ》村(現、同県飯田《いいだ》市)が、一七四一(元文《げんぶん》六)年正月に村人救済のため材木を売却する許可を幕府からえたが、その伐出しを請け負ったのが、福島村(現、下伊那郡天龍村)の七左衛門《しちざえもん》と丈《じょう》左衛門《ざえもん》、そして「金方《かねかた》手伝」の千木村の庄八郎である。

このように経済力をつけた庄八郎は、十八世紀前期に、「諸事古来之通」とするとの文言をめぐって、出入り(訴訟)を起こしている。これは、主家が「古来より私先祖家来の者」とし、「地下並」の「働き」を庄八郎家に求めたのに対し、すでに相当な経済力をつけた庄八郎家がこれに反発したために起きた争論《そうろん》であ

●——山中村の風景(現、飯田市)

った。

庄八郎のように、主家との関係を清算し、労働力提供を拒否する動きは、下伊那の他地域にも広くみられるものである。つぎに、こうした動向をさらに検討していこう。

福島村の郷主と「先例」

千木村庄八郎とともに一五三七(元文六)年に山中村と法全寺村の材木の伐採を請け負った福島村の七左衛門は、福島村を開発した後藤家のあとを受けた郷主金田家の後裔であった。金田家は、福島村を「私先祖壱人にて控え申し」と、先祖が一人で所持していたものの、太閤検地を機に一九軒の百姓を取り立てたと唱えている。一九軒の百姓を取り立てた理由は、「御役儀《おやくぎ》相勤させ申すべきため」である。このような由緒は、坂部村や千木村の例と同じものである。さらに一九軒の「百姓」には「筋目を以て色々例御座候」と、その出自によってさまざまな「例」(慣例、先例)があるともいっている点も同様である。

それでは、福島村の「百姓」にはどのような「先例」があるのか。ここで、一九

▼預所　大名《だいみょう》や旗本が支配を代行する幕府直轄領。

軒の百姓が、延宝五（一六七七）年八月に金田家に誓約した「先例之品々」を書き上げた証文をみてみよう。この一札は、一六七七年に福島村が旗本《はたもと》知久《ちく》氏預《あずかり》所《どころ》▲から幕府代官設楽源《したらげん》右衛門《えもん》の支配に移行したとき、郷主金田与三郎《よさぶろう》が百姓に取り立てたはずの一九人を、「門分並」として書き上げようとしたことを契機に起きた争論の結果、作成されたものである。証文から知られることは、次のとおりである。

一九人は「名田《みょうでん》百姓」＝百姓であることが確認された。他方、福島村が金田家一人の控《ひかえ》地《ち》であったことも一九人が認め、今後、検地があろうとも、金田家の手《て》作分《つくりぶん》の年貢は、先規どおり一九人でおさめることを誓約した。さらに、一九人のうちで潰れる者がでた場合は、土地を他へ売却せず、金田家に返すことをうたっている。すなわち、福島村の土地の所持権は、本来郷主たる金田家にあることが確認されたのである。

また、一九人の百姓は、年間一〇人ずつの徭役《ようえき》労働を金田家に提供することも確認された。百姓が分家をだした場合、二家ならば各家一〇人ずつ、三家ならば末子の分家は「門並」とすることも誓約されている。最後に、福島村の山川

▼たふ布　太布。布の一種。樹皮の繊維をつむいで織った布。

の権益は、金田家のものであり、しかも、一九人で金田家の山年貢《やま》(とち年貢)を代替するために、「たふ布▲」を毎年二反ずつ金田家におさめることが誓約されている。

このように、福島村の場合も、千木村と同じように、郷主が公儀への「御役儀」をおさめるために被官(門家・家来)を百姓に取り立てた。しかし、依然として主家へは労働力を提供する義務(「働き」)が維持されていたのである。このような百姓を、千木村では「地下」、福島村では「名田百姓」(「百姓」)と呼んでいるのである。

福島村郷主と門屋

それでは、福島村の「名田百姓」が、どのように旧来の郷主との関係を変更しようとしていったのか、十七世紀後期から十八世紀前期にかけて繰り広げられた村方《むらかた》騒動をとおして、具体的に明らかにしていこう。

福島村は、表4のように、一六七七(延宝五)年当時一〇の地域からなっており、それぞれに一九人の名田百姓と一四人の分家(「割地《わりち》」)、そして九人の「草《くさ》切《きり》」と呼ばれる者から構成されていた。このほかに、金田家と、九人の「被官」が存在した。分家である「割地」が名田百姓と異なるのは、いまだ「割地」の所持地は名田百姓の名請地の一部分だという点である。「百姓並」の地位をえるためには、名田百姓の名請地を公式に分割し、公儀から直納の「面《つら》百姓▲」＝名田百姓であるとの認定を受けなければならなかった。なお、「草切」は、「草切代」として一軒につき大豆二斗五合、「日手間」として年間一五人ずつ金田家につとめることが義務づけられていた。

これに対し、一九人の名田百姓、「割地」、「草切」と被官を加えた計五一人の連名が、一六七七年十月に設楽源右衛門代官所に訴状を提出した。その主張は、「名田百姓」・「割地」・「草切」のすべてが百姓身分であり、被官も「水役《みずやく》百姓▲」で、すべて公儀との関係では、直納の百姓身分であると主張したのである。その際、被官を「水役百姓」であるとする根拠は、代官宮崎藤右衛門《みやざきとうえもん》に対して、売木《うるぎ》村から帯川《おびかわ》村まで御榑木《おくれぎ》出し人足をつとめたこと、村上源助《むらかみげんすけ》知行所《ちぎょうしょ》時代から知久則直《のりただ》預所時代に遠山への御榑木出し人足をつとめたこと、さらに現在は一軒につき大豆二斗五合と九人で炭二俵を代官所に上納し、御榑木郷狩《ごうがり》・御蔵普請《おくらふしん》・

▼**面百姓**　本百姓。一人前の百姓として公儀に年貢・諸役をおさめる者。

▼**水役百姓**　下伊那地域で、本役百姓（本百姓）に対して、一軒前の役負担をおわない百姓のこと。特定の本百姓に従属する関係にはなく、公儀に対しての役をおう点で独立した百姓である。

●―表4　福島村「百姓分ケ覚帳」(1677〈延宝5〉年)

地　字	名田百姓	大豆年貢	割　　地	草　　切
郷渡	甚三郎	石 2.95	左門九郎	清十郎 次郎
大久名	作十郎 作兵衛	2.54 2.505	小作 久五郎	久作
めうか島	五郎助	1.37	作蔵	
かさ島	次郎八	1.12	平三郎	
かわご	仁兵衛	1.31		禰宜右衛門
まとせ	庄九郎 十三郎	1.005 1.46	源七郎 彦三郎	
中久名	佐次兵衛	1.61		次郎介
本村	長蔵 彦助 茂作 小平次 久七郎 左門三郎	2.38 2.32 2.47 1.06 1.12 1.00	喜平次 六兵衛 佐次右衛門 曾平	吉兵衛
はやきど	久兵衛	0.83	吉右衛門	才蔵
蔵平	惣兵衛 左門次郎 弥右衛門	2.093 3.02 2.47	与惣次 長八郎	仁平次 善吉
小　　計		34.633		
外	与三郎	0.922		
合　　計		35.555		

本百姓19人(与三郎は含まれていない), 割地14人, 草切9人, ほか被官9人(惣吉・二郎右衛門・権三郎・市平・きち・長七郎・長介・小介・与吉)。

[出典]『長野県史』近世史料編　第4巻(2)1663号より作成。

帯川番所《ばんしょ》御用・下瀬《しもせ》村橋入用《はしにゅうよう》まで、公儀に対して直接人足役をおさめてきたという主張であった。

これに対する金田家の反論は、「何にても御役儀仕らず候」ということである。すなわち被官がつとめたという人足や上納物も、すべて公儀への「御役儀」ではなく、郷主である金田家との関係でつとめたもので、直納ではないという一点であった。結局、近村の鶯巣《うぐす》村・親田《ちかだ》村・下瀬村の庄屋《しょうや》と合原《あいはら》村百姓の仲裁で、金田家への名田百姓の「日手間」が一〇日から八日に減じられ、内済《ないさい》された。

ところが、この内済を破り、一六七九(延宝七)年から名田百姓は「日手間」をつとめず、「草切」も八〇(同八)年から「日手間」も「草切代」も金田家におさめなくなった。さらに、一六八八(元禄元)年に、福島村が飯島《いいじま》代官所支配となったのを契機に、九一(同四)年に争論が再発した。今回の百姓側の言い分は、「草切」九軒を新畑《しんぱた》を開発した「新畑之者」と呼び、百姓身分であるとする点であった。これに対して金田家は、「福島村の義、拙者《せっしゃ》先祖切開きの者」であることから「其の結緒《ゆいしょ》をもって色々先例御座候」と、金田家が福島村を開発した由緒により、百姓から「日手間」を受け取ることは「先例」であると主張した。

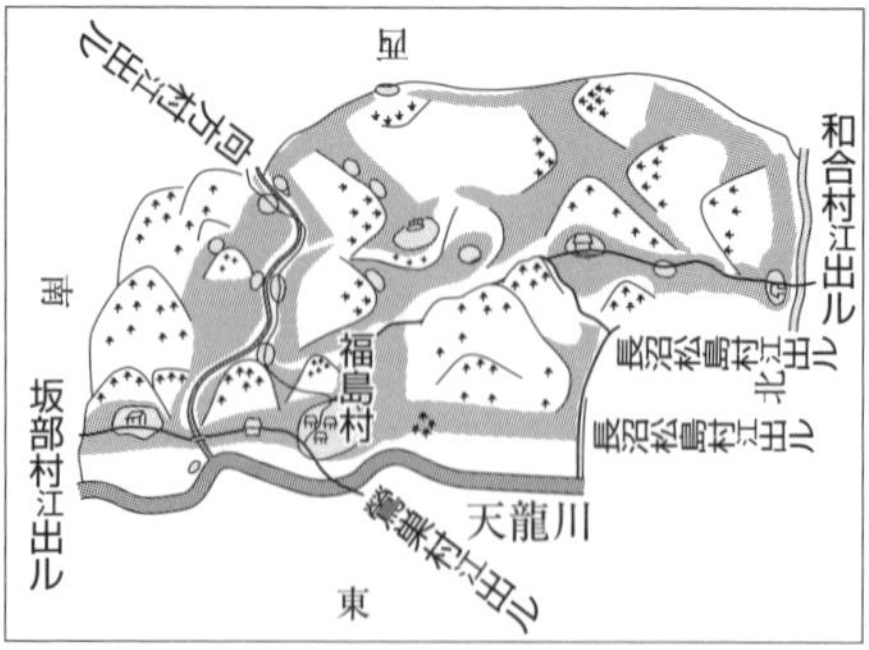

●──延享年間(一七四四〜四八)福島村絵地図(『天龍村誌』をもとに作成)

▼分付百姓　検地帳に名請する際、「○○分××作」の「××作」と記載される百姓。「○○分」(分付主)の所持する土地の作人という地位を示す。

また、金田家は、「草切」から「日手間」と「草切代」を取得することの正当性について、つぎのように説明する。金田家は、「先祖代々福島村の地主にて罷り有り候」と、福島村の「地主」＝土地所持者である。しかし、「御役儀のため、分《ぶん》付《づけ》百姓▲に相立て、山を分け、其の者どもに応じて付け置き申し候」と、公儀への「御役儀」のために、「分付百姓」として取り立て、金田家が所有していた山を分けあたえたという。したがって、このように分けあたえた山以外は「拙者控え来り申し候」、つまり依然として金田家が所有し、大豆年貢三斗一升を公儀におさめているのである。その金田家の控山のなかに、九軒の「草切」が住んでおり、それらの者からは「日手間」と「草切代」として大豆二斗五升を収取しているというのである。

つまり、金田家が所有している山に居住し、山を用益《ようえき》する代償として、「草切」から「日手間」と「草切代」を取得することは正当であると主張するのである。そのうえで、金田家は延宝五年の内済証文《しょうもん》の趣旨が破られていることの不当性を訴えた。この争論は長引き、一六九四(元禄七)年には、福島村百姓の一人が江戸に出訴し、代官に直訴《じきそ》するにいたった。

▼請書　幕府の裁許（裁定）を当事者が受け入れたことを記した文書。

結局、一六九五（元禄八）年に裁許《さいきょ》がくだされ、八〇年から九一年まで停止されていた「草切代」を、九二（同五）年の分からふたたび金田家が収取することを認められた。また、庄屋役を金田家がつとめるように命じられ、双方が請書《うけがき》▲を交換した。この請書は現存していないが、裁許では、福島村の山が金田家のものであるか否かについての判断はくだされなかったものとみられる。むしろ、金田家は、みずからが庄屋役をつとめると、「日手間」を庄屋役に対する夫役《ぶやく》であると解釈されることを懸念し、「日手間」は金田家が所有する山を百姓に用益させていることに対する代償であると明記した書付《かきつけ》を代官が発給するように求めている。

一六九七（元禄十）年に、福島村に検地が実施され、「草切」の田畑と屋敷地が名請された。これを契機に、「草切」は百姓身分となり、「草切代」の収取権は金田家から剝奪されることになったのである。ただし、百姓に分けあたえられた分地山以外の山は、依然として金田家のものであることはこのときも認められた。そして、百姓から「日手間」を収取する先例も、百姓が金田家の山に入会《いりあ》って用益することの代償として、金田家に留保されたのである。

このとき連印した百姓は、庄屋与左衛門と、本村、まとせ、小宿、大野《おおの》、上大野、平ノ畑、郷渡、はやきと、蔵ノ平、大久保、いもう、かわご、中ノ畑、たんこノたわ、笠島《かさしま》、みぞのたわ、みやうか島、中久奈集落の、合計五七人である。表4と比べると「本百姓」「割地」「草切」がすべて百姓身分となり、集落の数もふえていることがわかる。ただし、金田家の被官は、依然として存在していた。

村方騒動の再燃

一五年後の一七一二(正徳《しょうとく》二)年、幕府の巡見使《じゅんけんし》▲が福島村に来たとき、百姓らは直訴した。訴状《そじょう》は現存していないが、金田家に対する百姓の「日手間」の廃止を求めたものであることは、これを契機に再燃した村方騒動から明らかである。一七一三(正徳三)年九月に金田家から提出された訴状によると、百姓が年八人の「日手間」をつとめないと述べられている。逆に、百姓からは、金田家が名主《なぬし》役給や公用の夫役銭《せん》▲を収取していることを不正として訴えていた。

金田家が再三提出した訴状によると、正徳四・五(一七一四・一七一五)年度も百

▼**巡見使**　幕府が将軍の代替りに全国の施政や民情を視察するために、幕領・私領の別なく派遣した上使。一七一二(正徳二)年の巡見使は、幕領村々に派遣されたもの。

▼**夫役銭**　江戸時代初期は夫役として、現実の労働力を徴発していたが、のちこれを代銭化しておさめさせたもの。

姓五二人のうち二一人は「日手間」をださず、さらに名主の命にも従わず、公用もつとめないという。そこで、一七一六(正徳六)年正月、ついに金田七左衛門は江戸の勘定奉行に訴え、「日手間」をつとめない二一人の百姓には、山への入《いり》会《あい》を停止するように願ったのである。

これに対し、二一人の百姓は一一カ条におよぶ長文の返答書を提出した。それは、一六七七(延宝五)年以来の争論をすべて振り返り、その結果を読みかえたものである。これを整理すると、つぎの八点となる。

(1)山の支配について。金田家は、百姓に山を分けあたえ(「分地山」)、残りは自分の持山と主張しているが、金田家の分地も他の百姓同様「分地山」の一つとしてある。「分地山」以外の山は、金田家の持山ではなく「村中入会山」である。

(2)「草切」と「草切代」の淵源について。「草切」は新田を開発した百姓であり、「草切代」とは「村中つなぎ▲入用」である。

(3)一六七七年の内済による「草切代」の決定について。金田家の先代与左衛門が偽りを申し立てて争論となったが、内済の結果、「分地山」以外は双方入会、「草切代」は前々のとおり村入用とする、「日手間」は名主給分《きゅうぶん》であることが確

▼つなぎ　貫《つなぎ》。村入用のこと。

認されている。

（4）一六八〇（延宝八）年から九一（元禄四）年まで一二年間の「草切代」未納について。金田家の先代与左衛門は、一六八〇年に宮崎太郎左衛門代官所支配となったとき、非分があるとして名主役を取り上げられ、七郎左衛門という者に名主役がかわった。七郎左衛門に、名主給分として百姓一人当り大豆二升合力《ごうりき》するよう代官所から命じられたため、一六八〇年から一二年間、「草切代」はおさめず、別に名主給分をだした。

（5）一六七七年の内済証文▲の存在への疑義。一六七七年の内済証文として百姓方が所持していた封印を代官太田作之進《おおたさくのしん》の指示で開封したところ、白紙が二通はいっていただけだった。与左衛門方が所持していた内済証文を根拠とした一六九五（元禄八）年の裁定は不当である。

（6）一六九七（元禄十）年の請書について。元禄十年十一月付で与左衛門と惣百姓、合計五七人が連印した請書にある「草切代」大豆二斗五升、「日手間」、「与左衛門分之山」に関する事項は、当時の代官太田作之進が、百姓全員を飯島《いいじま》代官所に出頭させ、三人ずつ手錠をかけ、極寒のなか、自由に食事も寝起きもで

▼**内済証文**　紛争当事者が、裁許を受ける以前に、第三者の仲裁で和解（内済）したときに双方が交わす文書。

きないように拘束し、強制して認めさせたもので、無効である。

(7)「分地山」以外は与左衛門一人の持山か否か。一六九七年十月に「草切」を百姓とすることを代官太田作之進が認めたのは、すでにそれ以前から金田家だけの持山ではないという証拠があったからに相違ない。現在も金田家が新林を立て、あるいは勝手に他村から百姓をいれているのは不当である。分地山以外は、先年のとおり村の入会地と認めてほしい。

(8)名主役の不正について。年貢の口米《くちまい》▲値段を百姓に知らせない。御《お》蔵前《くらまえ》入用▲の割り方に不正がある。その不正を糺すために、公儀のもとにある検地帳を写させてほしい。

以上、一六七七年の内済証文、九五年の裁許、九七年の裁許と、それまでの「日手間」と「草切代」を論点とする争論の決定をみなおすことを求めている。このうち(4)に、七郎左衛門が名主役をつとめたとあるが、この真偽について明らかにすることができない。ただ、百姓側にとって、もっとも桎梏《しっこく》となっていたのは、金田家が福島村を開発した「地主」であり、十八世紀前期においても分地山以外の山の所持権を有していたという事実であった。

▼口米　本年貢に対して一定の割合で賦課される付加税。幕府代官所の諸経費にあてられたが、一七二五(享保十)年以降は幕府米蔵に直接おさめられた。

▼御蔵前入用　幕府直轄領の村々に賦課される付加税である高《たか》掛《がかり》三役の一つ。江戸浅草《あさくさ》の幕府米蔵の諸入用にあてるために設けられた。

郷主の認識

　他方、金田家にとって、この百姓との長い争論はどのように認識されていたのであろうか。もちろん、金田家の先祖が福島村を開発した「地主」であり、その由緒にともなう「先例」が保障されるのは当然であるとは考えられていた。そのため、執拗な百姓側の攻勢にも一貫してこの立場から「日手間」と山の所持権は主張し続けたのである。

　しかし、その争論のあいまに、金田家は名主役を退役したいとしばしば願っている。一七〇四（元禄十七）年正月に与左衛門が病気と嫡子不在を理由に名主退役願いを出していること、さらに一三（正徳三）年九月には「拙者儀、田畑不足に御座候故、少々も商い等仕り候えば、冬中より来る二三月迄、方々へ罷り出、其影を以て渡世《とせい》たりにも仕り候えども、商いかなめ（要）の時節、御年貢御納所《おなつしょ》に指し合い、他行罷り成らず迷惑仕り候御事」と、商売の妨げとなることを理由に退役を願い、また翌年九月と翌々年十月にも百姓らが名主の命に従わないことを理由に、抵抗する百姓側で名主を立てるようにと願っている。このことから、金田家にとって名主役とはなんらメリットがないどころか、かえって生計の妨げとなるものと認識されていたことが知られる。

結局、一七一二（正徳二）年から始まった争論は、一六（同六）年三月十八日に、勘定奉行の裁許がくだった。江戸に出府していた百姓の惣代《そうだい》二人は牢舎《ろうしゃ》となり、誤り証文をいれて七左衛門とともども帰国を許され、五カ月におよぶ正徳の争論は終った。しかし、その後も百姓は「日手間」をださなかった。また、金田家も農業経営では暮しが立たず「山作第一」で渡世を送っていたという。というよりむしろ、金田家の経営基盤は、山中村の材木伐出しを請け負っていたように、農業にはなく、山にかかわる商いにあったといえよう。

一七七二（明和《めいわ》九）年に、七左衛門が記した「福島村公私定法覚《じょうほうおぼえ》」には、「日手間」＝「山手人足」について、「若し人足相滞り候わば、先ず山作を止め、次に山稼ぎ等止め申すべく候、銘々持林の事、惣山内に立て置き申す義に候えば、品により林等も自由に致させ申すまじく候」とあり、分地山以外の惣山は金田家への用益（「日手間」＝「山手人足」）の代償として保障しているものであることが確認されているのである。

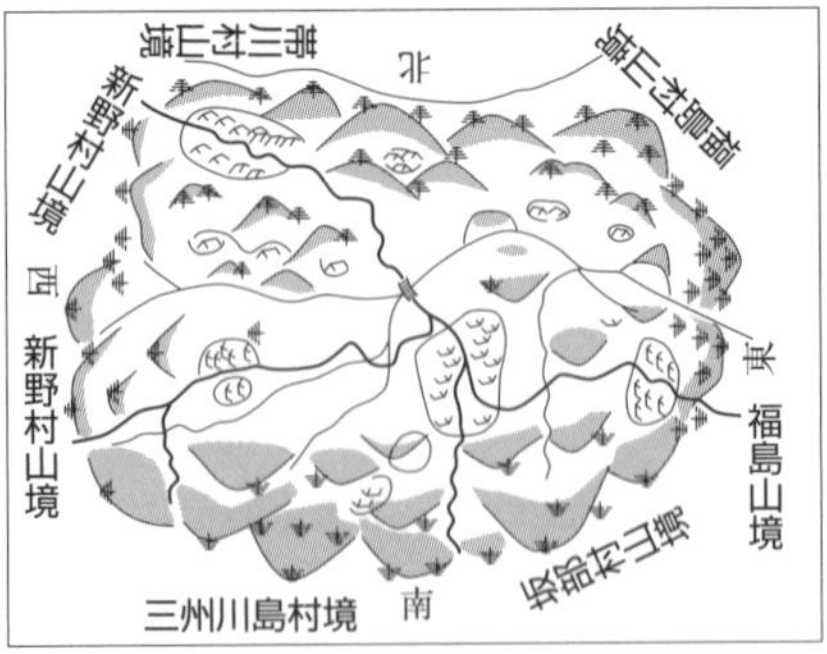

●――文政七(一八二四)年向方村絵地図(『天龍村誌』をもとに作成)

▼半役百姓　一軒前の役負担をおう本百姓に対して、半分の役をおう百姓。百姓としての権利も半分となる。

向方村の郷主と被官

福島村のように、郷主がいったんは直納の百姓に取り立てた者を、ふたたび被官《ひかん》や門《かど》に落とそうとする動きは、隣村の向方村《むかがた》(現、長野県下伊那郡天龍村)でもみられる。向方村でも、向方村の郷主金田家の後裔である名主六右衛門《ろくえもん》が、やはり知久預所から設楽源右衛門代官所にかわる一六七七(延宝五)年に、「百性は壱人も御座なく候、六右衛門壱人にて御座候」と主張し、「惣百姓」を「ひくわん《(被官)》」と呼んで、「壱判」(六右衛門一人の印)で書類を提出してしまったのである。さらにその翌年、設楽代官所から宮崎太郎左衛門に支配がかわったときも、六右衛門は「壱人・壱判にて、百姓御座なく候」と、自分一人の印鑑で提出したため、争論となったのである。

向方は、向方本村《もとむら》・大河内《おおこうち》・戸川《とがわ》の三つの集落からなっており、それぞれの地域が一里ほど隔たって山中に点在している。惣百姓は、本《ほん》百姓二二人と半役▲百姓四人の計二六人からなっていた。一六七九(延宝七)年二月の訴状は、大組頭一人、組頭五人、百姓代《だい》一人、小百姓《こびゃくしょう》一五人が連名でだしており、これが本百姓二二人の内訳とみられる。

さて、惣百姓の主張によると、六右衛門は百姓を「被官」に落とそうとしたばかりでなく、年貢などを不正に収取しているという。向方村は、山方の地形のため、年貢賦課の基準となる反別は不明であり、村から書き上げた年貢高で上納してきたという。惣百姓は大豆で四五石五斗五合をおさめているが、六右衛門は三九石一斗二升四合を村の年貢高として公儀に上納し、差額をみずからの得分《とくぶん》として着服してきたという。また、百姓が新田畑を開くと、六右衛門は公儀に上納する「かぎ役」だと称して、大豆年貢を割りかけてきたが、実際は六右衛門が自分の得分として着服してきたのだという。さらに、知久預所になった五〇年前から大豆高が八俵一斗五升一合(一俵＝四斗入り)に減免されたにもかかわらず、百姓は一三俵二斗をおさめていた。つまり、その差額の五俵四升九合は、六右衛門が自分の得分としていたというのである。

以上のように、惣百姓が主張する六右衛門の不正な得分とは、千木・福島・坂部村などでみられた郷主のもつ旧来からの得分(先例)のことを意味しているとみられる。惣百姓の側からすると、そうした旧来の郷主の権益は名主の不正な取込みと表現されるのであった。

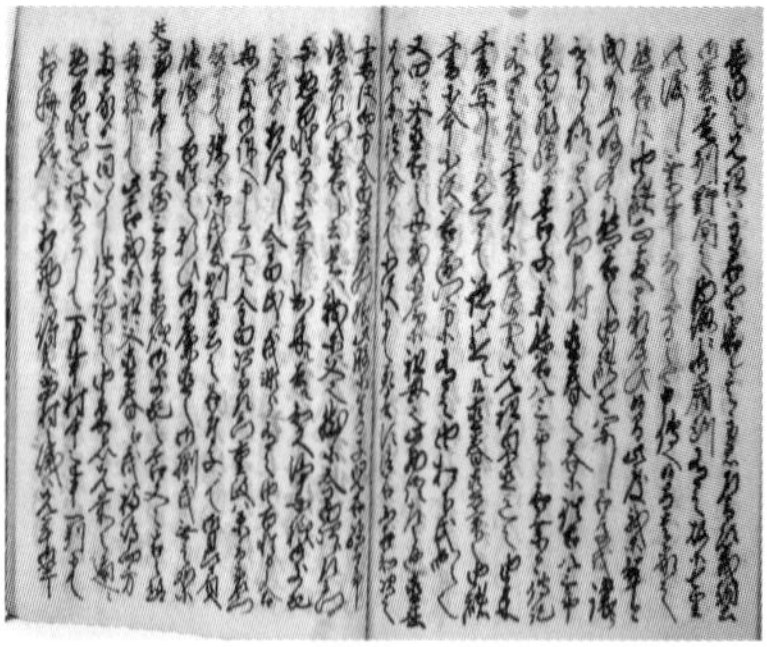

●『熊谷家伝記』にみえる向方に関する記述（宮下家文書）

こうした惣百姓の動きに対して、六右衛門は郷主同士の連携をはかろうとした。娘を嫁に遣《や》っていた親戚筋の坂部村の九代熊谷直春《なおはる》に、六右衛門は福島村の金田氏を誘って、つぎのようにいってきた。「先前の通りに惣百姓を被官として、万事《ばんじ》村中の事、一判にて相済し候様に」（『熊谷家伝記』）。つまり、百姓を「被官」に戻して、村のことは郷主の「一判」で処理しようというのである。

これに関して、熊谷直春は、向方村の騒動には金田家にも非分《ひぶん》があるという。すでに知久預所時代から金田家と惣百姓とのあいだで公事《くじ》が起きていたが、当主の金田重政《しげまさ》が知久則直の名付子《なづけこ》（烏帽子親《えぼしおや》と子の関係）の原市郎左衛門《いちろうざえもん》の婿であったため、惣百姓の訴えを知久氏がまともに取り上げなかった。それが、延宝年間（一六七三～八一）に宮崎三郎兵衛代官所の支配となって再燃したのだと説明している。そして熊谷直春は、逆に舅にあたる向方村の六右衛門に意見したため、六右衛門の怒りを買い、妻と離縁せざるをえなくなったという。

というのも、坂部村では前述したように、太閤検地のときに、被官を一二人百姓に取り立てるかわりに、熊谷家の米年貢一石七斗を百姓がもちあうことを決めた。さらに、知久預所となったとき、二六軒にふえた百姓で、増額となった大豆二石五斗五升の熊谷家の年貢を、銘々が割りあって負担することが取り決められ、延宝期まで百姓側から訴えられることなくすごしてきたというのであった。

しかし、熊谷家も一七六一(宝暦《ほうれき》十一)年に父の代の年貢算用をめぐって村の百姓から追及を受けたとき、この向方村の例が引合いにだされている。向方村ではこの騒動のあと名主役を金田家から取り上げ、百姓のあいだでつとめるようになってから村が平穏になったという。そこで坂部村でも名主役を百姓に渡すべきだという者があるという。これに対して、十二代熊谷直遐《なおはる》は「名主役目の儀は本より好まざる事なれども、先祖代々務め来る処、我等代に至りて相勤めざる事、第一は先祖え対しても本意にあらず、又二代も若死して村中へも度々難義をかけたれば、今迄も役目辞しがたく相勤めこれある処、村より望みにて役目請け取りたき段申す故は、此方兼て望む処也」という。

つまり、直遐も先祖に対しての面目を保持する以外は、個人的に名主をつとめることに執着はなかった。福島村の郷主金田家が名主役をきらったように、郷主にとって名主役をつとめることにどれほどのメリットがあったのか、この直遐の言葉から疑問がわく。むしろ郷主にとっては、太閤検地以前に有していた旧来の権益が保障されることのほうが大切であったのであろう。名主として村のために働くことには、改めて役人としての自覚が求められたのである。

「武士」への憧れ

一五七五(天正《てんしょう》三)年の長篠《ながしの》の戦いで討死した下伊那《しもいな》の武将《ぶしょう》波合備前《なみあいびぜん》をさがすことから始め、十八世紀前期までのおよそ一五〇年、この間《かん》の社会の変化をおもに信濃国《しなののくに》下伊那地域に即して書き綴ってきた。この時代に生き、なくなっていった人びとの歴史を解き明かすことは、とても困難な作業である。本文で述べたように、波合備前をまつっていた浪合の原《はら》家でも、すでに十七世紀後期には、家の歴史を確定することはできなかった。

こうしたなかで、この激動の時期を生き延びた古老をたずね、古老の話を聞きとり、地域に残された文書《もんじょ》史料を丹念に調べ、下条《しもじょう》地域の歴史を再構成した人物がいた。喜庵《きあん》である。喜庵は、下条氏重臣の糟谷与五右衛門《かすやよごえもん》の曾孫にあたり、吉岡榎木下《よしおかえのきのした》で一六四〇(寛永《かんえい》十七)年に村松左平次の四男として生まれたが、六九(寛文《かんぶん》九)年に三〇歳のとき、母方の実家を相続するために千木《ちぎ》村に移住した。

喜庵は、十七世紀末に完成したといわれる『下条由来《ゆらい》物語』の冒頭に、歴史書をまとめることになった動機について、つぎのように記している(『新編伊那史料叢書』四巻)。

喜庵は寛永十七年辰《たつ》の出生、宇平太は明暦《めいれき》二(一六五六)年申《さる》の出生、何れも未《いま》だ生れざる以前の事、殊に代数十二代、年数二〇〇年の事明細に知り難し、然れども此の二人、元来家々の末子どもたる故、幼少の時より是非一度武家《ぶけ》を挊《かせ》ぐべき心懸けにて、喜庵聞き初めの事、訳有りて、正保《しょうほう》三(一六四六)年丙戌《ひのえいぬ》の六月、七歳よりの事、然れば落去天正《てんしょう》十五(一五八七)年丁亥《ひのとい》より六〇年目也、これに依り其の時代の事、あらあら覚え候者ども多し、其の後、喜庵十六歳にて明暦元(一六五五)年乙未《きのとひつじ》春急に存じ立て、先祖よりの申し伝え、其のほか家々の覚書、さては御自筆の御証文ならびに寺々の御位牌、堂宮《どうみや》の棟札等、正しき物をもってこれを集め、其のほか色々多しといえども、慥《たし》かならざるはこれを除く、かくの如く苦労を尽くし集め置く所に、右二人遁れがたき訳ありて、在住の身と成る、これに依り、其れ以後は世事にさえられ、取り出すこともなく相くらす、程なく齢かたむきければ、数年の苦労捨て置んこと残念の至り、いざ両人の覚書を合して、あらあらも改書せしめ、末葉えも渡し置き、第一御位牌等の損失をも綴り続き候は、亡君尊霊の逐（追）善ともならんか、

これによると、『下条由来物語』は千木の喜庵と、新木田の万木宇平太が記したものという。両人とも生まれは十七世紀半ばで、一二代におよぶこと、あるいは二〇〇年以前のことは詳しく知ることができない。しかし、下条氏が一五八七（天正十五）年に滅びてから六〇年目にあたる一六四六（正保三）年に、七歳の喜庵は聞取りを始めたという。そのころは、いまだ下条氏の時代について記憶している者も多かったという。一六五五（明暦元）年、一六歳になった喜庵は、先祖からの申伝えや、他の家々の覚書、あるいは下条氏など自筆の文書や寺に残る位牌や堂宮の棟札など、信用に値する史料を集め、疑わしいものは排除して、苦心して下条地域に関する史料を集めたのである。

ここで注目したいのは、喜庵がなぜ下条地域の歴史を聞き始めたかである。それは、「元来家々の末子どもたる故、幼少の時より是非一度武家を拵《かせ》ぐべき心懸けにて」と、自分が家を継ぐ必要のない末子であることから、幼少のときからぜひ武家に奉公《ほうこう》したいと願っていたからであると書かれている。

喜庵の祖母は、一五八二(天正十)年に織田信長《おだのぶなが》の勢力下にはいった下伊那から、太守の下条頼安《よりやす》を三河国黒瀬《みかわのくにくろせ》に逃した重臣糟谷与五右衛門の娘である。みずからも八二年に、八歳で武田《たけだ》方の人質《ひとじち》として織田方に出向いた経験があった。喜庵は七歳まで、この祖母に育てられたため、戦国時代の武将の話を聞いて育ったのである。家を継ぐ義務もない末子であるから、子ども心に「武家を拵」ぎたいと思っていたという。これは、万木宇平太についても同様であった。ところが、ひょんな巡合《めぐりあわ》せで、二人とも家を継ぐ身となり、武士《ぶし》になる夢をすてなければならなかった。そのため、せっかく収集した史料も世事にさまたげられて、五〇年近く手をつけないまま放っておくことになったという。

このように、十七世紀半ばにあっても、家督相続から自由な男子は、武士になることに憧れをもっていたのである。実際、本文でみたように、浪合の原家やその一族も、十七世紀後期を生きた男子は、江戸にでて仕官し、あるいは牢人《ろうにん》して故郷に戻るなど、武家の世界と接触していたのである。

このような傾向は、下伊那地域に限ったものではない。山城《やましろ》国の国人領主《こくじんりょうしゅ》革嶋《かわしま》家も、織田信長の滅亡後、本貫地《ほんがんち》である川島《かわしま》村に居住して旧来の居館で近世をすごした。一六八三(天和《てんな》三)年に牢人身分であった当主革嶋瀬左衛門尉《せざえもんのじょう》幸忠《ゆきただ》が京都町奉行所《まちぶぎょうしょ》に提出した親類書《しんるいがき》によると、当主の弟は旗本松平久米助《はたもとまつだいらくめすけ》政武《まさたけ》に仕え知行《ちぎょう》一五〇石《こく》を受けていた。また、三人の従弟もそれぞれ、松平越前守《えちぜんのかみ》が知行六〇〇石取り・与力《よりき》三人・足軽《あしがる》三〇人預り、若狭《わかさ》国小浜《おばま》の大名《だいみょう》酒井《さかい》靭負佐忠隆《ゆげいのすけただたか》が知行二〇〇石取り、松平安芸守《あきのかみ》が知行一五〇石取りであったことが知られる。

このように、すでに「兵農分離《へいのうぶんり》」が体制としてできあがったといわれる十七世紀後期においても、戦国時代に武士を輩出してきた家々では、家の相続から自由な男子は、武家に仕官し、武士身分となって在地を離れていくことを望んだのであった。

しかし、武家の世界も変わっていく。十八世紀にはいると、武家の財政難により、あらたな仕官先も閉じられてくる。「武家を拵」ぎたい男子の夢は、かなわない世の中となっていくのである。

●——写真所蔵・提供者一覧(敬称略, 五十音順)

個人蔵　p.68
松源寺　p.33, 34
知久充家　p.76
千葉一悳家　カバー表・裏, 扉, p. 6 下左, 10, 24・25, 29, 31, 38, 39, 48・49, 50
中山和茂家　p.77
原秀治家　p.37
三穂村史編纂刊行会編『三穂村史』口絵　p.11
宮下金善家　p.54, 94
吉田匠(撮影)　p.78

座』第５巻, 東京大学出版会, 2004年

④―主家と被官・門

古島敏雄『日本農業史』岩波書店, 1956年
古島敏雄・関島久雄『徭役労働制の崩壊過程』育生社, 1938年（古島敏雄『古島敏雄著作集』第１巻, 東京大学出版会, 1974年所収）
水本邦彦『近世の村社会と国家』東京大学出版会, 1987年
吉田ゆり子「百姓の家と家族」『岩波講座　日本通史　近世２』岩波書店, 1994年
吉田ゆり子「兵農分離と身分」前掲
吉田ゆり子「『家』の記録―信濃国『熊谷家伝記』の史料的検討―」『文書史料からみた前近代アジアの社会と権力』東京外国語大学ＷＥＢ版, 2007年

「武士」への憧れ

朝尾直弘「18世紀の社会変動と身分的中間層」辻達也・朝尾直弘編『日本の近世10』中央公論社, 1993年（同『朝尾直弘著作集』第７巻, 2004年所収）
尾藤さき子「畿内小領主の成立」宝月圭吾先生還暦記念会編『日本社会経済史研究　中世編』吉川弘文館, 1967年
神田千里「近世における山城国革島氏の活動基盤」『海南史学』25, 1987年（同『一向一揆と戦国社会』吉川弘文館, 1998年所収）
吉田ゆり子「武士への憧れ」『史資料ハブ　地域文化研究拠点』７, 2006年

岡田信子ほか校訂『京都御役所向大概覚書』上巻, 清文堂出版, 1988年
鴨川達夫『武田信玄と勝頼』岩波新書, 2007年
吉田ゆり子「村に住む武士」渡辺尚志編『新しい近世史』第4巻, 新人物往来社, 1996年(同『兵農分離と地域社会』所収)

②—百姓となった原家

村沢武夫『原家の人々』発光堂, 1955年
吉田ゆり子「村の『武士』」森下徹・吉田伸之編『史料を読み解く2　近世の村と町』山川出版社, 2006年

③—兵と農の分離

池上裕子『織豊政権と江戸幕府』講談社, 2002年
稲葉継陽『戦国時代の荘園制と村落』校倉書房, 1998年
勝俣鎮夫『戦国時代論』岩波書店, 1996年
久留島典子「中世後期の『村請制』について」『歴史評論』488, 1990年
米家泰作「『熊谷家伝記』にみる開発定住と空間占有」『史林』80－1, 1997年(同『中・近世山村の景観と構造』校倉書房, 2002年所収)
佐々木潤之介『幕藩制国家論　上』東京大学出版会, 1984年
佐々木潤之介・山口啓二『幕藩体制』日本評論社, 1971年
鷲見等曜「徳川初期畿内村落構造の一考察」『社会経済史学』23－5・6, 1958年(同『前近代日本家族の構造』弘文堂, 1983年所収)
高木昭作「幕藩初期の身分と国役」『歴史学研究(一九七六年度歴史学研究会大会報告別冊)』(同『日本近世国家史の研究』岩波書店, 1990年所収)
高木昭作「『秀吉の平和』と武士の変質」『思想』721, 1984年(同『日本近世国家史の研究』岩波書店, 1990年所収)
竹内利美『『熊谷家伝記』の村々』御茶の水書房, 1978年
藤木久志『村と領主の戦国世界』東京大学出版会, 1997年
牧原成征「江北の土地制度と井戸村氏の土地所有」『論集きんせい』25, 2003年(同『近世の土地制度と在地社会』東京大学出版会, 2004年所収)
峰岸純夫「室町・戦国時代の階級関係」『歴史学研究』315, 1966年
村田修三「戦国時代の小領主」『日本史研究』134, 1973年
吉田ゆり子「地侍層の『家』と女性」大口勇次郎編『女の社会史』山川出版社, 2001年
吉田ゆり子「兵農分離と身分」歴史学研究会・日本史研究会編『日本史講

●——参考文献

全体にかかわるもの

朝尾直弘『朝尾直弘著作集』全８巻, 岩波書店, 2003〜04年

安良城盛昭『幕藩体制社会の成立と構造』御茶の水書房, 1959年

古島敏雄『古島敏雄著作集』全10巻, 東京大学出版会, 2005年再版

宮川満『太閤検地論　第Ⅰ〜Ⅲ部』御茶の水書房, 1957〜63年(同『宮川満著作集』４〜６巻, 第一書房, 1999年所収)

吉田ゆり子『兵農分離と地域社会』校倉書房, 2000年

阿南町町誌編纂委員会編『阿南町誌』阿南町, 1987年

伊那史料刊行会編『新編伊那史料叢書』全６巻, 歴史図書社, 1975年

信濃史料刊行会編『信濃史料』全28巻·補遺２巻・索引, 信濃史料刊行会, 1968〜69年

信濃史料刊行会編『新編信濃史料叢書』全24巻, 信濃史料刊行会, 1970〜79年

下伊那教育会編『下伊那史』第６・７巻, 下伊那誌編纂会, 1970・80年

下条村誌編集委員会編『下条村誌』下条村誌刊行会, 1977年

天龍村史編纂委員会編『天龍村史』天龍村, 2000年

長野県史刊行会編『長野県史　近世史料編』長野県, 1982年

浪合村誌編集委員会編『浪合村誌』浪合村誌刊行会, 1984年

『日本歴史地名大系20　長野県の地名』平凡社, 1979年

長野県立歴史館所蔵写真資料(福島義子家文書・田村武統家文書)

国文学研究資料館史料館所蔵小谷家文書

京都府立総合資料館所蔵革嶋家文書

千葉一悳家文書

宮下金善家文書

知久充家文書

中山和茂家文書

①—天正から空白の五〇年

朝尾直弘「近世京都の牢人」『京都市歴史資料館紀要』10, 1992年(朝尾直弘『朝尾直弘著作集』第７巻, 岩波書店, 2004年所収)

日本史リブレット84
兵《へい》と農《のう》の分離《ぶんり》

2008年7月25日　1版1刷　発行
2021年9月5日　1版4刷　発行

著者：吉田《よしだ》ゆり子《こ》

発行者：野澤武史

発行所：株式会社 山川出版社

〒101－0047　東京都千代田区内神田1－13－13
電話 03(3293)8131(営業)
03(3293)8135(編集)
https://www.yamakawa.co.jp/
振替 00120-9-43993

印刷所：明和印刷株式会社

製本所：株式会社 ブロケード

装幀：菊地信義

Printed in Japan ISBN 978-4-634-54696-7

日本史リブレット 第Ⅰ期［68巻］・第Ⅱ期［33巻］ 全101巻

1 旧石器時代の社会と文化
2 縄文の豊かさと限界
3 弥生の村
4 古墳とその時代
5 大王と地方豪族
6 藤原京の形成
7 古代都市平城京の世界
8 古代の地方官衙と社会
9 漢字文化の成り立ちと展開
10 平安京の暮らしと行政
11 蝦夷の地と古代国家
12 受領と地方社会
13 出雲国風土記と古代遺跡
14 東アジア世界と古代の日本
15 地下から出土した文字
16 古代・中世の女性と仏教
17 古代寺院の成立と展開
18 都市平泉の遺産
19 中世に国家はあったか
20 中世の家と性
21 武家の古都、鎌倉
22 中世の天皇観
23 環境歴史学とはなにか
24 武士と荘園支配
25 中世のみちと都市
26 戦国時代、村と町のかたち
27 破産者たちの中世
28 境界をまたぐ人びと
29 石造物が語る中世職能集団
30 中世の日記の世界
31 板碑と石塔の祈り
32 中世の神と仏
33 中世社会と現代
34 秀吉の朝鮮侵略
35 町屋と町並み
36 江戸幕府と朝廷
37 キリシタン禁制と民衆の宗教
38 慶安の触書は出されたか
39 近世村人のライフサイクル
40 都市大坂と非人
41 対馬からみた日朝関係
42 琉球の王権とグスク
43 琉球と日本・中国
44 描かれた近世都市
45 武家奉公人と労働社会
46 天文方と陰陽道
47 海の道、川の道
48 近世の三大改革
49 八州廻りと博徒
50 アイヌ民族の軌跡
51 錦絵を読む
52 草山の語る近世
53 21世紀の「江戸」
54 近代歌謡の軌跡
55 日本近代漫画の誕生
56 海を渡った日本人
57 近代日本とアイヌ社会
58 スポーツと政治
59 近代化の旗手、鉄道
60 情報化と国家・企業
61 民衆宗教と国家神道
62 日本社会保険の成立
63 歴史としての環境問題
64 近代日本の海外学術調査
65 戦争と知識人
66 現代日本と沖縄
67 新安保体制下の日米関係
68 戦後補償から考える日本とアジア
69 遺跡からみた古代の駅家
70 古代の日本と加耶
71 飛鳥の宮と寺
72 古代東国の石碑
73 律令制とはなにか
74 正倉院宝物の世界
75 日宋貿易と「硫黄の道」
76 荘園絵図が語る古代・中世
77 対馬と海峡の中世史
78 中世の書物と学問
79 史料としての猫絵
80 寺社と芸能の中世
81 一揆の世界と法
82 戦国時代の天皇
83 日本史のなかの戦国時代
84 兵と農の分離
85 江戸時代のお触れ
86 江戸時代の神社
87 大名屋敷と江戸遺跡
88 近世商人と市場
89 近世鉱山をささえた人びと
90 「資源繁殖の時代」と日本の漁業
91 江戸の浄瑠璃文化
92 江戸時代の老いと看取り
93 近世の淀川治水
94 日本民俗学の開拓者たち
95 軍用地と都市・民衆
96 感染症の近代史
97 陵墓と文化財の近代
98 徳富蘇峰と大日本言論報国会
99 労働力動員と強制連行
100 科学技術政策
101 占領・復興期の日米関係